# 나는
## 행복한 불량품
## 입니다

# 나는 행복한 불량품입니다
생계형 마르크스주의자의 유쾌한 자본주의 생존기

초판 1쇄 발행 2018년 4월 20일
초판 7쇄 발행 2019년 9월 10일

지은이　임승수
펴낸이　이영선

편집　강영선 김선정 김문정 김종훈 이민재 김연수 이현정
디자인　김회량 정경아
독자본부　김일신 김진규 박정래 손미경 김동욱

펴낸곳 서해문집 | 출판등록 1989년 3월 16일(제406-2005-000047호)
주소 경기도 파주시 광인사길 217(파주출판도시)
전화 (031)955-7470 | 팩스 (031)955-7469
홈페이지 www.booksea.co.kr | 이메일 shmj21@hanmail.net

ⓒ 임승수, 2018
ISBN 978-89-7483-927-7 03300

이 도서의 국립중앙도서관 출판예정도서목록(CIP)은 서지정보유통지원시스템
홈페이지(http://seoji.nl.go.kr)와 국가자료공동목록시스템(http://www.nl.go.kr/
kolisnet)에서 이용하실 수 있습니다.(CIP제어번호: CIP2018009576)

생계형 마르크스주의자의
유쾌한 자본주의 생존기

임승수 지음

# 나는
# 행복한 불량품
# 입니다

서해문집

**행복해지기를 원하는
이 땅의 모든 불량품들에게**

《원숭이도 이해하는 자본론》《원숭이도 이해하는 마르크스 철학》
《차베스, 미국과 맞짱뜨다》《청춘에게 딴짓을 권한다》《세상을 바꾼
예술 작품들》《국가의 거짓말》 등 주로 진보적인 관점에서 세상을
바라보고 분석하는 책을 쓰며 작가로 살아왔다. 물론 그런 종류의
책만으로는 먹고 살기 만만치 않아《삶은 어떻게 책이 되는가》《글
쓰기 클리닉》 등 실용적 글쓰기에 관한 책을 쓰기도 했지만. 아무튼
사람들은 저서 목록을 보고 내가 인문 · 사회 분야의 학문적 배경을
갖고 있을 것으로 지레짐작한다. 그런 당연한 기대감을 충족시키지
못해 미안하다. 나는 공학 분야의 학사 및 석사 학위 소지자다. 심지
어 관련 분야의 연구원으로 몇 년간 직장생활을 하기도 했다.

공대 출신으로 직장생활까지 하던 사람이 덜컥 일을 그만두고 사
회과학 책을 써서 먹고사니, 내 경력을 알게 된 사람들은 다들 신기
해한다. 그도 그럴 것이, 나 역시 궁금해서 비슷한 사례가 또 있는
지 곰곰이 생각해봤는데, 내가 아는 범위에서는 없었다. 이런 독특
한 이력 때문인지 학생 및 일반인을 대상으로 '진로교육' 비슷한 강

의를 꽤 많이 했다. 강의 제목은 '1만원보다 1시간이 소중하다'인데, 내 개인적 경험을 토대로 인생의 방향 설정에 도움이 될 만한 조언을 들려준다. 다양한 주제로 책을 쓰고 강의를 하지만 유독 이 강의에 대해 청중의 반응이 놀라울 정도로 뜨겁다 보니, 언젠가는 책으로 써서 좀 더 많은 사람들에게 내용을 전하고 싶다는 생각을 하게 됐다. 이 책이 바로 그 결실이다.

수많은 자기계발서와 동기부여 강사들이 '당신은' 노력하면 성공해서 큰 부자가 될 수 있다며 끊임없이 희망의 메시지를 전달한다. 많은 이들이 그 말에 고무되어 성공(부자)이라는 목표를 향해 오늘도 끊임없이 자신의 의지력에 박차를 가한다. 하지만 우리는 은연중에 알고 있다. 모두가 부자가 될 수 없다는 불편한 진실을 말이다. 결국 세상은 소수만 성공하고 대다수는 성공과는 거리가 멀게 흘러간다. 그런 의미에서 보면 자기계발서와 동기부여 강사들은 일종의 마약일지도 모르겠다. 불안하고 불편한 이 현실로부터 눈을 돌리고 '나만은' 분명 성공하리라 믿으며 스스로에게 최면을 걸기 위해 사용되는 마약 말이다. 성공 여부만이 인생의 척도라면 대다수의 사람들이 실패하는 셈인데, 과연 이런 식으로만 삶을 판단하고 재단하는 것이 올바르고 바람직한지 의문이다.

본문에서 자세히 얘기하겠지만, 나는 세속적 성공이라는 측면에서 보면 40대 중반이 되도록 별 볼 일 없는 사람이다. 사회과학 저자이다 보니 내 또래의 번듯한 직장인들보다 수입도 적고, 정치적으로는 비주류 극소수파에 해당하는 마르크스주의자라 이 상태로는 출셋길도 글러먹었다. 그야말로 순도 100% 불량품이라 할 수 있다. 차라리 공학 분야의 경력을 잘 살렸다면 사회적으로나 경제적으로 훨씬 나은 상황이었을 텐데…. 이런 내 상황을 들으면 사람들은 십중팔구 작가로 전직한 것을 후회하지 않느냐고 묻는다. 그런데 웬걸? 이 인생, 전혀 무르고 싶지 않다. 다시 태어나도 이 삶을 선택할 것이다.

그렇게 확신하는 이유가 궁금하지 않은가? 내가 이렇게 느끼는 것은 될 대로 되라는 식의 자포자기도 아니고, 근거 없는 막연한 정신승리도 아니다. 이 주제로 책 한 권을 쓸 정도로 나름의 고민을 통해 정돈된 논거와 확신이 있기 때문이다. 또한 내 강의를 듣고 뜨거운 반응을 보여준 수많은 사람들이 있으며, 무엇보다도 나 자신이 지금 이 순간 진심으로 행복하기 때문이다.

이 책은 성공을 향해 순항하고 있다고 생각하면서도 마음의 갈증이 채워지지 않는 사람들, 정말 하고 싶은 것은 따로 있는데 현실의 무게로 용기를 내지 못하는 사람들, 무엇을 하고 싶은지조차 알지 못해 하루하루를 목적 없이 방황하는 사람들을 위해 썼다. 그들이 이 책을 통해 자신의 삶에서 봉착한 난제를 풀어낼 중요한 실마리를 발견하기를 진심으로 기원한다.

진보적인 청년단체에서 활동하는 한 청년이 언젠가 내게 다음과 같은 고민을 털어놓은 적이 있었다.

"작가님, 저희는 청년들이 의식이 깨어 사회문제에 관심도 가지고 청년단체 활동에도 참여해야 세상이 좀 더 나아지고 희망도 있다고 생각합니다. 그래서 작가님이 쓴《원숭이도 이해하는 자본론》이나《원숭이도 이해하는 마르크스 철학》뿐만 아니라 이런저런 사회과학 책으로 청년들과 함께 공부도 하고 사회문제에 대해서도 함께 토론하려고 많이 시도하는데요. 막상 청년들에게 함께 사회과학 공부하자고 얘기하면 이런 거 해봐야 돈도 안 되고 별로 쓸모도 없다고 생각하는 것 같아요. 한마디로 동기부여가 어렵네요. 이 문제를 어떻게 해결해야 할지 고민이 큽니다."

이 책은 그 청년단체 활동가의 고민에 대한 나의 대답이기도 하다. 인문학과 사회과학이 나의 삶을 어떻게 뒤흔들고 바꿀 수 있는지, 왜 당장 내 돈벌이와 상관없는 사회문제에 관심을 가져야 하는지, 그 의미와 중요성, 연관성을 전달하기 위해 노력했다. 이 책이 독자에게 인문학과 사회과학 학습에 대한 관심 및 동기부여의 계기를 제공하리라 믿어 의심치 않는다.

2006년에 작가로 첫발을 내딛은 후 벌써 10년도 훌쩍 넘었다. 그동안 여러 권의 책을 쓰고 1000회를 훨씬 상회하는 강의를 했다. 이 책은 나의 이러한 작가 활동 1기를 결산한다는 마음으로 썼다. 그동안 적지 않은 책을 썼지만 이 책만큼 힘겹게 쓰고 모든 것을 쏟아부었다고 느낀 경우는 없었다. 산통이 큰 만큼 애정도 크다. 행복해지기를 원하는 이 땅의 모든 불량품들에게 이 책을 바친다.

2018년 3월

# 차례

저자의 말  **행복해지기를 원하는 이 땅의 모든 불량품들에게**　　　**04**


Ⅰ　**1만원보다 1시간이 소중하다** —————— **10**

누구의 관점으로 세상을 본 것인가? │ "동화작가 연봉은 얼마인가요?" │ 이 인생, 무르고 싶지 않다 │ 그는 며칠을 출근했을까? │ 직업이란, 시간을 파는 것 │ 반도체 연구원이 되다 │ "그래요? 그다음에는요?" │ 행복은 언제 오는가 │ 죽을 때 후회하는 5가지 │ 시간의 주인이 되는 것 │ 치밀한 계획 없이 그만둔 직장 │ 〈매트릭스〉의 네오가 되다 │ 그런데, 누구신가요? │ 감시당하는 인생 │ 베네수엘라 호텔 VIP 객실에 묵게 된 썰 │ 통했다! │ 통제하는 자와 통제당하는 자


Ⅱ　**우리는 시간을 빼앗기며 살고 있다** —————— **74**

《자본론》, '시간'의 관점으로 경제를 보다 │ 생산관계의 차이로 시대를 나누다 │ 자본주의 사회의 빈부격차 │ 상품이란 무엇인가 │ 상품의 교환비율을 결정하는 것 │ 돈과 자본의 차이 │ 자본의 일반공식 │ 자본가가 부자가 되는 비밀 │ 이윤은 어디에서 오는가 │ 이윤을 찾기 위한 수식 │ 빵 8개의 교환가치 │ 빼앗긴 시간과 이윤 │ 자본주의의 작동원리

## Ⅲ  물건이 아니라 시간을 사라 ─────────── 134

이윤을 위해 생산하는 시대 | 체험이냐 소유냐 | 전업작가 부부가 되어… | 카드할부로 다녀온 여행 | 기꺼이 다녀온 몰디브 | "빙수만 먹고 바로 집에 갈 건데요" | 애플망고빙수 '하나'의 즐거움 | 엥겔지수가 높은 가족 | 시간을 버는 최고의 방법 | 실질적 수명 1만 년 연장하기 | 포천 아도니스 호텔 투숙기 | 로또 1등이 되어도 바뀌지 않는 것


## Ⅳ  나는 행복한 불량품이다 ─────────── 190

인간도 자본주의의 규격품? | "저는 성공하고 싶지 않아요" | "모든 사람은 천재다" | 기업의 논리가 진리로 받아들여지는 세상 | 누구도 그런 질문을 내게 하지 않았다 | 국가정보원 신고 사건 | 화폐로 교환되지 않는 시간 | '자신만의 답'을 갖고 있던 사람들 | 순도 100% 불량품 | 사회과학 작가의 생계 | 시간의 주인으로 사는 느낌 | '불량품답게' 맨몸으로 정면돌파 | 해외진출 프로젝트 | 꿈을 꿀 수 있었던 이유

# 1만원보다
# 1시간이
# 소중하다

그렇다.
'돈'이라는 기준에서 삶을
평가하자면 지금까지의
이번 생은 확실하게
망했다고 할 수 있다.
그런데 웬걸?
이 인생, 전혀 무르고 싶지
않다.

# 누구의 관점으로
## 세상을 본
# 것인가?

**관점**觀點

사물이나 현상을 관찰할 때, 그 사람이 보고 생각하는 태도나 방향 또는

처지

국립국어원 표준국어대사전에서 '관점'을 검색하니 나오는 설명이

다. 내가 관점觀點의 중요성을 깨달은 계기는 첫 책《차베스, 미국과

맞짱뜨다》를 쓰면서다. 중남미 국가 베네수엘라의 대통령 우고 차

베스에 대해 연구하고 책을 쓰며, 중남미를 그야말로 다른 관점에서

보게 됐다.

예전에 중남미라는 단어를 접하면 떠오르는 인물은 크리스토퍼

콜럼버스였다. 이 이탈리아인은 스페인 여왕의 재정적 지원을 받아

새로운 인도 항로를 개척하기 위해 서쪽으로 항해를 떠났는데, 인도 대신, 그동안 유럽 사람들에게 제대로 알려지지 않았던 중남미를 '발견'했다. 내가 배운 교과서에서는 이 사건을 '지리상의 발견' 혹은 '신대륙의 발견'이라 불렀다.

그런데 곰곰이 생각해보면 참으로 이상하다. '발견'이라는 단어를 사용하려면 원래 그곳에는 사람이 살고 있지 않아야 타당할 텐데, 당시 중남미에는 아즈텍·잉카·마야 사람들을 고려하면 약 7000만에서 9000만 명 정도가 살았다고 한다. 그렇다면 이들은 줄지에 콜럼버스가 눈으로 봐주기 전에는 존재도 없는, 김춘수의 '꽃' 같은 존재란 말인가?

내가 그의 이름을 불러주기 전에는
그는 다만
하나의 몸짓에 지나지 않았다.

내가 그의 이름을 불러주었을 때
그는 나에게로 와서
꽃이 되었다.

(후략)

만약 콜럼버스가 1492년에 중남미를 가지 않고 조선으로 왔다면, 과연 우리는 콜럼버스에게 '발견'된 것이었을까? 발견! 나는 이보다 더 오만한 단어를 들어본 적이 없다. 상황을 정확하게 표현하자면, 두 문명이 독자적인 공동체를 꾸려가다가 우연히 그 시기에 처음으로 만났을 뿐이다.

안타깝게도 두 문명의 '만남'은 중남미의 선주민先住民에게는 재앙 그 자체였다. 만남 후 150년이 지났을 때 아즈텍·잉카·마야 사람들은 350만 명으로 급감했다. 세속적 욕망과 탐욕에 사로잡힌 스페인 사람들은 중남미로 진출하면서 히틀러의 나치 정권 정도로는 명함도 내밀 수 없는 인류 역사상 최악의 인종청소를 자행했다. 콜럼버스는 그중에서도 단연 압권이었다. 선주민들을 노예로 삼아 귀금속을 채굴해오라고 시키면서 책임량을 채우지 못하면 손목을 잘랐다. 반항하면 코와 귀를 자르고 개가 물어뜯도록 했다고 한다. 콜럼버스가 '발견'한 아이티섬에는 당시 30만 명의 선주민이 살았는데 발견된 지 몇 년 후 500명만 남았다. '신대륙의 발견'이란, 중남미 선주민의 관점에서는 외적의 침략과 대량학살이었다.

그런데 나는, 그리고 우리 세대는 획일화된 교과서를 통해 이 사건을 '지리상의 발견' '신대륙의 발견'으로만 배웠다. 어린이용 도서에는 콜럼버스가 어김없이 위인으로 등장했지만, 스페인의 침략에 맞서 자신이 속한 공동체를 지키기 위해 목숨을 걸고 싸웠던 그 수

많은 선주민에 대한 이야기는 어디서도 들을 수 없었다.

우리가 스페인 사람도 아니고 서양 사람도 아닌데, 그동안 우리는 도대체 누구의 관점으로 세상을 본 것인가?

# "동화작가
연봉은
얼마인가요?"

교육과정 및 제도적 틀을 통해 특정한 지식을 습득하는 것, 그것은 어떤 사건이나 현상을 특정한 관점에서 보도록 길들여지는 것이다. 1980년 5월 18일 광주에서 일어난 반反독재 민중항쟁은 한동안 불온세력들의 배후공작으로 발생한 폭동으로 알려졌었다. 권력을 틀어쥔 군부독재세력이 국민들에게 특정한 관점에서 해당 사건을 보도록 강요한 결과다. 다행스럽게도 민주화 투쟁으로 군부독재세력이 힘을 잃고 대중이 5·18을 바라보는 시선은 크게 달라졌지만, 상당 기간 국민 대다수가 누군가의 의도로 특정한 관점을 강요당했다는 사실을 부인하기는 어렵다. 남이 보여주는 것만 보며 그 의도에 맞춰 사리를 판단하는 사람은 진정한 자유인이라 할 수 없다. 사실상 정신적 노예일 뿐이다.

괜스레 거창한 예를 든 건 아닌가 싶지만, 여하튼 우리가 사물·현상·사건을 바라볼 때는 의식하지 못하는 가운데 외부로부터 주어진 특정한 '관점'을 잣대로 삼아 가치판단한다는 점을 강조하기 위해 이런 예를 들었다.

특히 우리 모두에게 단단히 체화되어 있는 관점이 하나 있는데, 그것은 바로 '돈'이다. 돈이 갖는 이미지는 일상적으로 들이마시는 공기처럼 자연스러우면서도 주변의 모든 것을 녹여버리는 마그마처럼 강력하다. 그래서 거의 모든 경우에 있어 가치판단의 잣대로 기능한다. '그래서 돈이 된다는 거야? 안 된다는 거야?'라는 문제제기 하나만으로 논쟁이 순식간에 정리되는 경우가 얼마나 많은가. 심지어 댐 건설로 인한 환경파괴 문제를 지적하면서 '환경피해액'이 막대하다는 주장을 편다. 철새 한 마리, 물고기 한 마리의 목숨값은 얼마로 계산했을까?

지인 중에 동화작가가 있다. 동화를 좋아하는 사람이라면 충분히 이름을 들었을 만한 작가인데, 이 친구가 초등학교에 강연하러 가서 이런 질문을 받았다.

"동화작가 연봉은 얼마인가요?"

짓궂게 장난치려고 물어본 것이 아니다. 질문을 한 초등학생의 장래희망은 동화작가였다. 나름 진지하게 진로를 고민했는데, 아무리 동화작가가 좋더라도 연봉이 일정 수준 이하라면 어렵겠다는 판단이 들어 질문을 했단다. 새삼 초등학생 장래희망 1위가 공무원이라는 뉴스를 봤던 기억이 떠오른다. 부모의 욕망과 바람이 아이에게 투사된 결과일 테지. 판단 기준은 물론 '돈'일 테고.

배우자가 전업주부인 직장인 남성과 얘기를 나누다 보면 "아내는 내가 벌어다 주는 돈 쓰며 집에서 논다"고 얄궂게 얘기하는 경우가 있다. 과연 아내는 집에서 노는가? 전업주부의 가사노동과 육아노동이 없다면 사회는 정상적으로 돌아갈 수 없다. 직장인 남성이 일에 전념할 수 있는 것도 아내가 가사노동과 육아노동을 전적으로 책임지기 때문이다. 그런데도 전업주부에 대해서는 너무나 쉽게 논다고 얘기한다.

나는 직업이 작가라 외부 일정이 없으면 주로 집에 있다. 이렇게 집구석에 틀어박혀 있으면 아내에게 눈치가 보여서, 나도 뭔가 쓸모가 있다고 어필하기 위해 가사노동과 육아노동에 상당한 시간을 할애한다. 첫째 똥 3년, 둘째 똥 3년, 합해서 6년간 애기 똥을 치웠고 설거지와 청소, 장보기 및 애들 등교를 전담하는데, 그러면서 깨달은 것이 가사노동과 육아노동은 철저히 그림자 노동이라는 것이다. 설거지하고 장 봤다고 칭찬받나? 반면에 설거지 한 번만 빼먹어도 바로 화살이 날아온다. 남자들이여, 제발 함부로 얘기하지 말자. 집안일, 엄청 고되다. 덕분에 나는 허리가 안 좋아졌다.

그런데 참으로 이상하다. 아내가 자기 자식 돌봐주고 밥그릇 닦

아주면 마누라 집에서 논다고 말하는 사람들이, 아내가 가사도우미로 남의 자식 봐주고 남의 밥그릇 닦아주면 마누라가 일한다고 말한다. 이 상황을 어떻게 봐야 할까? 차이를 만드는 기준은 '돈'이다. 아내가 자기 자식 봐주면 돈이 생기지 않지만, 남의 집 가사도우미를 하면 돈이 생기지 않나.

우리는 언제부터인가 별다른 의심 없이 돈을 모든 것의 가치판단 기준으로 삼고 있다.

# 이 인생,
## 무르고
## 싶지 않다

이런 얘기를 주저리주저리 늘어놓으면 내가 돈을 싫어한다고 오해하는 분들이 있다. 그럴 리가 있겠는가. 독자분들은 돈을 좋아하는지 모르겠지만, 나는 돈을 사랑한다. '좋다Like'보다 '사랑한다Love'가 훨씬 더 강렬한 감정이다.

강연 요청이 들어오면 강연비가 제일 궁금하고, 신간을 출간하면 수시로 인터넷 서점 판매지수를 확인한다. 팟캐스트 방송 〈임승수의 좌변기〉를 할 때도 과도하게 책을 홍보하다가 성냥팔이 소녀 이후 최고로 불쌍한 책팔이 소년이라는 핀잔까지 들었다. 어쩌겠는가, 자본주의 사회에서 먹고살려면 돈이 필요한데.

여느 때처럼 일이 없어 집구석에 처박혀 있던 한가한(눈치 보이는) 날이었다. 나는 돈을 사랑하는데 왜 돈은 나를 사랑하지 않는지를 한참 고민하다가, 기왕지사 '돈'이라는 관점에서 나의 인생을 평가해보았다. 나는 1993년에 서울대학교 전기공학부에 입학해 학사학위를 받고, 서울대학교 전기·컴퓨터공학부 대학원에 진학해 반도체소자 연구로 석사학위를 받았다. 이후 취직해 연구원으로 일하다가 2006년에 직장을 그만두고 작가의 길을 선택했다.

만약 직장을 그만두지 않고 연구원으로 계속 경력을 쌓았을 경우 지금까지 벌었을 누적수입을 대략 계산해봤다. 참으로 바람직한 숫자가 모습을 드러냈다. 계산하면서도 흐뭇해지더라. 이번에는 직장을 그만두고 작가의 삶을 선택한 이후 벌어들인 누적수입을 계산했다. 아… 인생 제대로 꼴았구나. 직장생활을 계속했을 때와 비교해 절반도 안 되는 초라한 숫자가 자신도 민망한 듯 쭈뼛거린다. 그나마 최근에 벌이가 좀 나아지기는 했으나 대학 동기들의 수입에 비하면 보잘것없는 게 솔직한 현실이다. '돈'으로 평가하자면 이번 생은 (지금까지는) 확실하게 망했다.

그런데 웬걸? 이 인생, 전혀 무르고 싶지 않다.

# 그는
## 며칠을
## 출근했을까?

직업 역시 '돈'으로 평가하기 쉽다. 대체로 연봉의 크고 작음이 최우선 고려 사항이다. 변호사나 의사, 대기업 임원이 자연스럽게 선망의 대상이 된다.

고등학교 동창 친구가 있다. 명문대에 입학한 뒤, 석사와 박사까지 마치고 대학생들이 가장 선호하는 삼성전자에 과장으로 특채됐다. 들어가자마자 과장이란 얘기다. 키도 크고 멀끔하게 잘생겼다. 한창때 결혼정보회사 광고모델을 했을 정도다. 만약 내가 결혼정보회사 광고모델을 한다면? 내 얼굴이 지하철역 벽에 크게 인쇄되어 있고, 바로 밑에 "저랑 결혼해주시겠어요?"라고 적혀 있는 상황을 떠올려봤다. 도대체 어떤 처자가 그 결혼정보회사에 가입하겠는가. 그런데 그 친구 얼굴이 있으면 가입한다는 얘기다. 아무튼 운동도 잘하고 성격도 좋고 놀기도 잘 노는, 그야말로 남자들 입장에서 는 존재하지 말아야 할 괴생명체다.

오래전 동창 모임에서 이 친구를 만나 대화를 나눴다.

"삼성전자 특채됐다고 들었어. 늦었지만 축하한다!"

"승수야, 나 지금은 삼성전자 안 다녀."

"무슨 일 있었어?? 다들 가고 싶어 하는 직장이잖아."

"승수야, 내가 입사해서 1년 365일 동안 며칠 출근했는지 한번 맞 혀볼래?"

"음… 일이 좀 빡셌나 봐? 한… 300일?"

"…362일 출근했어….'"

신정, 설날, 추석, 크리스마스 당일만 쳐도 4일인데, 362일이면 1 년 동안 3일만 빼고 꼬박 출근했다는 얘기 아닌가. 강연에서 이 얘기 를 하면 대부분 362일이라는 어마어마한 숫자에 놀라지만, 가끔 진 지한 얼굴로 숫자를 비슷하게 맞히는 사람들이 있다. 본인이 삼성전 자에 다녔거나 가족이 다니고 있는 경우다. 물론 이 정도는 아니지 만, 나 역시 연구원 시절에 프로젝트 마감 때문에 심심찮게 월화수 목금금금 일정을 소화했다. 어쩌다가 정시에 퇴근해야 하는 날에는, 눈에 띄지 않고 자연스럽게 퇴근할 타이밍을 찾느라 하루 종일 눈치 보기 일쑤였다.

아무것도 모를 때는 직업이란 그저 '돈' 버는 것이라고만 생각했다. 많은 사람들이 중요한 사실을 잊는다. 그 돈을 벌기 위해서 갖다 바쳐야 하는 것이 있다는 사실을. 바로 '시간(인생)'이다.

아무것도 모를 때는 직업이란 그저 '돈' 버는 것이라고만 생각했다. 많은 사람들이 중요한 사실을 잊는다. 그 돈을 벌기 위해서 갖다 바쳐야 하는 것이 있다는 사실을. 바로 '시간(인생)'이다.

# 직업이란,
## 시간을
# 파는 것

발 딛고 서는 곳이 달라지면 눈에 들어오는 풍경도 달라진다. 인생이라는 험준한 산에 오르며 돈이 보이는 방향으로만 눈을 고정시키다가, 시간이 가리키는 방향으로 몸을 돌리니 전혀 예상치 못한 풍경이 들어왔다. 직장인의 삶을 '시간'의 관점에서 분석해보자. 일주일은 24×7 = 168시간이다. 직장인의 삶은 크게 보면 수면, 일, 여가로 구성되는데 수면, 일, 여가 시간을 하나씩 따져보자.

하루 평균 수면시간이 8시간이라고 하면 일주일에 8×7 = 56시간을 자는 것이다. 본인은 그렇게 많이 안 잔다고 생각하는 분도 있겠지만, 점심식사 후 1시부터 2시까지 과연 온전히 깨어 있다고 할 수 있을까? 거기다가 출퇴근 때 버스나 지하철에서 꾸벅대는 시간까지 고려하면 이래저래 8시간쯤 잔다. 물론 개인 차가 있겠지만 실제 OECD 국가 수면시간 통계를 보면 하루 평균 8시간 내외다.

일하는 시간을 따져보자. 칼출근·칼퇴근 상황을 가정하더라도 일하는 시간은 최소한 60시간이 넘는다. 주5일 근무에 하루 8시간 일하면 일주일에 40시간 아니냐고? 출퇴근도 업무의 연장이다. 회사 안 다니는데 취미 삼아 출퇴근하는 사람은 없다. 그렇게 따지면 출근 전 머리 감는 시간도 업무시간 아닐까? 출근 안 하는 날에는 머리 안 감으니까(앗 나만 그런가?). 이래저래 따져보면 아무리 적게 잡아도 일주일에 60시간은 일과 관련된 시간을 보낸다고 할 수 있다.

마지막으로 일주일(168시간) 중에 수면시간(56시간)과 업무시간(60시간)을 제외하면 여가시간으로 52시간이 남는다. 지금까지 계산한 것을 도표로 정리하면 다음과 같다.

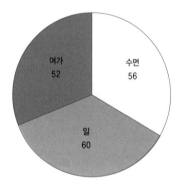

수면, 일, 여가에 각각 소요되는 시간이 대동소이하니, 일주일의 1/3은 자고, 1/3은 일하고, 1/3은 여가를 즐긴다고 할 수 있겠다.

(OECD 국가 중 일 오래하기로 멕시코와 수위를 다투는 대한민국의 상황을 고려하면, 일하는 시간은 대폭 늘고 여가와 수면 시간이 상당히 축소될 것이다. 하지만 그런 구체적인 수치 보정은 독자분들의 판단에 맡긴다)

요컨대, 직업을 갖는다는 것은 해당 기간 인생의 1/3을 파는 것이다. 수면시간을 제외하면, 깨어 있는 시간 중 최소한 절반 이상을 판다는 얘기가 된다. 내가 통제할 수 있는 시간의 절반 이상을 파는 것, 그것이 바로 직업을 갖는 것이다.

# 반도체
# 연구원이
# 되다

언젠가 '회사에서 일하는 시간이 재미있는가'라는 설문조사 결과를 본 적이 있다. 통계적으로 4명 중 3명이 재미없다고 답했단다. 깨어 있는 시간 중 절반 이상이 재미없다는 얘기다. 그렇다면 4명 중 1명은 진짜 재미있을까? 자신은 지금 재미있다고 최면을 걸며 성공을 향해 불나방처럼 돌진하는 사람들도 꽤 섞여 있지 않을까? 참으로 우울한 설문조사 결과다.

이 결과를 보며 마치 중력이 작용하듯 다음과 같은 질문이 떠올랐다.

'행복이란 무엇일까?'

원래 내 소싯적 꿈은 작곡가였다. 음악 같은 교양과는 전혀 인연이 없어 보이는 외모 때문일까? 페이스북에 그럴싸하게 피아노 치는 영상을 올리니 "산적이 피아노 치고 있다"며 놀라워하는 댓글이 달린다. 초등학교 때부터 피아노를 배웠는데 음악의 어법에 익숙해지면서 그 매력을 깨닫게 되었다. 특히 타인의 곡을 재현하는 것(연주)보다 내 곡을 만드는 쪽(작곡)에 마음이 더 쏠렸다. 중학교 때 학교 대표로 작곡대회에 나가서 대상을 탔으니 재능이 없지는 않았던 것 같다. 하필 음악(딴따라)에 몰입하는 자식의 모습을 보며 불안해하던 부모님도 작곡대회 대상 수상을 계기로 태도가 바뀌었다.

작곡가를 꿈꾸면서 자연스럽게 예술계 고등학교 진학을 고려하게 됐는데, 이런저런 고민 끝에 작곡가의 꿈을 포기하고 인문계 고등학교에 진학했다. 이후 한동안은 꿈이랄 것이 없었다. 그렇다고 포기한 것을 후회하지는 않았다. 지금 생각해보니, 오히려 예술계 고등학교에 진학했다면 이래저래 삶이 고달파지지 않았을까 싶다.

어쨌든 공부는 잘해야 사람대접 받는 세상이니, 서울대 진학을 목표로 설정했다. 서울대만 가면 어떻게든 인생이 잘 풀리지 않겠냐는 마음이었던 것 같다. 그럴싸하게 피아노를 쳐도 산적이 피아노 친다고 하니… 뭐, 학벌이라도 좀 받쳐줘야 여성들에게 호감을 얻지 않겠는가.

부모님은 서울대 의대를 진학하기 바라는 눈치였다. 하지만 알아보니 난 색각이상자(적록색약)여서 의대에 지원할 자격이 없었다. 지금은 적록색약도 의대에 지원할 수 있지만, 당시는 색각이상자에 대한 차별이 존재했다. 그래서 대신 서울대 전기공학부(당시 전기전자제어계측공학과군)에 지원했다. 수학을 좋아하니 왠지 적성에 맞을 것 같기도 하고, 전망이 좋은 인기학과에 가야 어디 가서 내세우기도 좋고 취직도 잘되지 않겠나 싶었다.

다행히 학력고사에서 좋은 성적을 받아 합격했지만 대학생활은 내 기대와 달랐다. 인기학과이고 취직이 잘된다는 이유로 선택했는데 적성에 맞지 않는다는 것을 깨달은 것이다. 미팅에서 학벌로 여대생들의 호감을 끌겠다는 야심 찬 계획도 틀어졌다. 주로 여자대학과 연락해서 단체 과미팅을 하다 보니 같이 나간 남학생들도 죄다 서울대였다. 결국엔 외모로 결판이 나더라(더러운 세상). 하지만 무엇보다도 힘들었던 것은 꿈이 없다는 점이었다. 고등학생 때는 서울대학교 진학이 꿈이었는데, 막상 합격하니 부여잡고 살아갈 꿈조차 없어진 것이다. 상황이 이렇다 보니 마치 줄 끊어진 연처럼 중심을 잡지 못하고 그저 주변의 바람에 휩쓸려 이리저리 부유할 뿐이었다.

그렇다고 소중한 인생을 될 대로 되라는 식으로 방치할 수는 없었다. 적성에는 안 맞지만 그럭저럭 학과 공부를 따라가서 반도체소자 연구로 석사학위를 취득한 후 연구원으로 기업에 취직했다. 꼬박꼬박 통장에 돈이 꽂히면 소소하게나마 사는 재미가 있을 거라 생각했다. 하지만 일이 적성에 맞지 않으니 업무시간 내내 즐거움과 보

언제부터인가 정기적으로 입금되는 월급과 직장에 갖다
바치는 시간을 천칭 양쪽 접시에 올려놓고 저울질하는
나를 발견하게 됐다.

람을 느낄 수 없었다. 언제부터인가 정기적으로 입금되는 월급과 직장에 갖다 바치는 시간을 천칭 양쪽 접시에 올려놓고 저울질하는 나를 발견하게 됐다. 균형추는 시간 쪽으로 기울어만 가고….

# "그래요?
## 그다음에는요?"

미국의 사업가가 멕시코 어촌 마을 부두에서 우연히 한 어부를 만났다. 어부의 배에는 이제 막 잡은 참치 몇 마리가 보였다.

"참치가 때깔이 참 좋네요. 잡는 데 오래 걸리나요?"

"아니요, 금방 잡아요."

"그러면 남는 시간에는 뭐 하시나요?"

"집에서 늦게까지 푹 자다가 애들이랑 놀아주기도 하고, 밤에는 아내나 동네 친구놈들이랑 와인도 마시고 기타 치고 노래 부르면서 수다 떨죠. 생각보다 바쁘게 삽니다. 하하."

어부의 말을 듣던 사업가는 뭔가 안타깝다는 듯 고개를 가로젓는다.

"저라면 다른 선택을 하겠습니다. 전 하버드대학에서 MBA를 했어요. 괜찮으시다면 조언을 드리고 싶은데요."

"좋은 데 나오셨네요. 많이 배우신 분이니 잘 좀 가르쳐주십쇼."

"참치 잡는 데 좀 더 많은 시간을 쓰세요. 돈을 모아서 큰 배를 장만하는 겁니다. 그러면 더 많은 참치를 잡을 수 있고 배를 몇 척 더 장만할 수 있어요."

"그렇군요."

어부가 연신 고개를 끄덕이며 경청하자 사업가는 약간 으쓱해져서 어깨를 들썩이며 말을 이어간다.

"배가 여러 척이 되면 참치를 훨씬 더 많이 잡을 수 있고, 그렇게 번 돈으로 통조림 공장을 세우세요. 지금은 통조림 제조업자한테 납품하고 계시죠?"

"네."

"직접 통조림 공장을 세우면 그 사람들이 버는 돈까지 당신이 직접 벌 수 있지요. 그러면 이 작은 어촌을 떠나 수도인 멕시코시티로 이사할 수 있을 겁니다. 사업이 잘되면 제가 있는 뉴욕으로 오실 수도 있고요."

"그런데 말씀하신 걸 하려면 얼마나 걸릴까요?"

"음… 제 경험상 대략 15년에서 20년 정도 예상됩니다."

"그런가요? 그다음에는요?"

"인내심을 갖고 차근차근 회사를 키우면 적절한 시기에 상장할

"인내심을 갖고 차근차근 회사를 키우면 적절한 시기에
상장할 수 있어요. 그러면 말 그대로 잭팟이 터지는 거죠.
회사를 매각하면 수백만 달러가 통장에 꽂히는 겁니다."
"그래요? 그다음에는요?"

수 있어요. 그러면 말 그대로 잭팟이 터지는 거죠. 회사를 매각하면 수백만 달러가 통장에 꽂히는 겁니다."

"그래요? 그다음에는요?"

멕시코 촌동네 어부조차 감화시키는 자신의 모습에 만족하며, 사업가는 팔을 들고 허공을 응시하며 꿈을 꾸듯 말한다.

"드디어 멋지게 은퇴하는 거죠. 가족과 함께 한적한 시골로 이사를 가는 겁니다. 집에서 늦게까지 푹 자다가 손주들이랑 놀아주기도 하고, 밤에는 아내나 동네 친구놈들이랑 와인도 마시고 기타 치고 노래 부르면서 수다 떨죠. 정말 그 순간이 기다려지네요. 생각만 해도 멋지군요."

"음… 저는 지금 그렇게 살고 있는데요?"

# 행복은
## 언제
## 오는가

앞에서 소개한 얘기는 독일 작가 하인리히 뵐의 소설에 나오는 이야기가 원작이라는데, 멕시코 어부와 미국 사업가가 등장하는 형태로 각색된 것이다.

이 우화를 처음 접했을 때, 망치로 머리를 한 대 얻어맞은 것 같았다. 대한민국 사람들이 사는 모습이 우화의 내용과 겹쳐 보였기 때문이다. 자기는 행복을 추구한다고 믿고 있지만, 실상은 먼 미래로 행복을 미루기만 하는 그 모습 말이다.

고등학생들은 대부분 행복을 미루며 입시준비에 매진한다. 대학만 가면 행복하니 조금만 더 참고 노력하라는 어른들의 조언 때문이다. 자! 대학교에 진학하면, 드디어 행복한가? 나는 경희대학교에서 학생들을 가르치는데, 그들에게 대학생이 되니 행복하냐고 차마 물어볼 용기가 없다. 터무니없이 비싼 학비 때문에 학업과 아르바이트를 병행하며, 바늘구멍보다 좁은 취업문 때문에 학점과 스펙에 목을 매는 모습을 목격하니 그저 안타까울 뿐이다. 대학에 와서도 이러한 상황을 감내하며 행복을 미룬다. 취직만 하면 문제가 해결된다고들 말하기 때문이다.

과연 취직하기만 하면 행복할까? 나는 취직해 직장에 다니면서 정말 큰 충격을 받았다. 인생에서 방학이 없어졌기 때문이다. 초등학교 이래로 방학 없는 삶을 살아본 적 없는데, 게다가 바로 직전까지 대학교의 긴 방학을 만끽했는데, 취직하니 당장 방학 비슷한 것은 짧은 여름휴가밖에 없었다. 더욱 암울한 것은 직장을 그만두지 않는 한 방학 없는 삶이 매년 반복된다는 사실이었다. 그나마 일이 적성에라도 맞으면 어떻게든 버티겠는데, 적성에 맞지도 않으니 참으로 죽을 맛이었다. 도대체 누가 취직하면 행복하다고 하는지, 그 얼굴 좀 보자.

그렇게 방학 없이 직장에 다니다가 배우자 만나 결혼하면, 숨 쉬는 것 빼고는 어느 것 하나 스스로 할 수 없는 핏덩이가 품 안에 떨어진다. 이때부터 진정한 '타인'을 위한 삶이 시작된다. 직장 다니랴 애 키우랴 넋 놓고 살다 보면, 언제부터인가 행복에 대해 생각하는 것조차 사치스러운 일이 된다. 한편으로는 삶이란 원래 이런 것인가 싶어 행복이란 단어를 뇌의 한구석에 보이지 않게 밀어놓고 외면한다. 이런 식으로 행복을 유보하고 미루기만 하면, 어떻게 행복이란 놈이 나에게 다가올 수 있을까? 너무나 당연하기에 하나마나 한 말이지만, 행복을 미루면 행복은 오지 않는다.

# 죽을 때
## 후회하는
# 5가지

도대체 행복이란 무엇일까? 100명에게 묻는다면 100가지 답이 나오지 않을까? 행복이란 눈에 보이지 않고 만질 수도 없으니, 누군가 멋대로 답을 하더라도 섣불리 옳다 그르다 판단하기 어렵다. 신이 보이지 않기 때문에 종교의 생명력이 유지되는 것처럼, 우리는 행복의 구체적인 형상을 모르기 때문에 더더욱 행복을 갈구하는 것인지도 모른다.

호주의 작가 브로니 웨어가 쓴 《죽을 때 가장 후회하는 5가지 The Top Five Regrets of the Dying》라는 책이 있다. 그녀는 원래 금융업계에서 10년 넘게 일했는데, 다람쥐 쳇바퀴 돌듯 출퇴근하는 일상에서 탈출하고 싶어 회사를 그만두고 열대섬의 리조트로 떠났다. 리조트에 오래 머물고 싶었던 브로니 웨어는 주방보조로 리조트에 취업한 후 경력을 쌓아 칵테일바에서 일하게 됐다. 섬에서 생활한 지 2년쯤 되어가던 중 리조트에 온 유럽 관광객과 인연이 닿아 영국으로 건너갔다.

영국에 체류하던 중 사귀게 된 남자와 함께 호주로 돌아온 브로니 웨어는, 문화 차이로 남자친구와 헤어지고 한동안 방황했다. 창조적인 일을 하고 싶었던 그녀는 글을 쓰고 작사·작곡을 하는 한편, 생계를 해결하기 위해 입주간병인 일을 시작했다. 그녀가 돌보는 사람들은 대부분 삶의 마지막 순간을 기다리는 환자나 노인들이었다. 생을 마감하는 사람들과 수많은 대화를 나눈 브로니 웨어는, 어느 날 문득 그들이 삶의 마지막 순간에 쏟아내는 후회가 비슷하다는 것을 깨닫는다. 그 후회들을 다섯 가지로 정리해서 블로그에 올렸는데 수많은 사람들의 관심과 공감으로 어마어마한 조회수를 기록하며 책까지 내기에 이른다. 그 책이 《죽을 때 가장 후회하는 5가지》다.

참으로 아이러니한 것이, 죽을 때 가장 후회하는 다섯 가지 중에 통장잔고를 더 늘리지 못해 후회한다는 얘기가 없다는 것이다. 명문 대학에 입학하지 못해 후회한다는 얘기도 없다. 수영장이 딸린 큰 집에서 살지 못해 한이 된다는 얘기도 물론 없다. 살아생전 다들 이런 것들에 얽매여 사는데 말이다.

행복이 무엇인지 구체적으로 얘기하는 것은 어렵겠지만, 적어도 생의 마지막 순간에 후회가 적은 사람이 좀 더 행복했다고 판단하는 것이 그리 억지스러운 주장은 아닐 것이다. 죽을 때 가장 후회하는 것이 무엇이지 살펴보면, 행복한 삶에 대한 통찰을 얻을 수 있지 않을까? 다음은 브로니 웨어의 책에 나온, 죽을 때 가장 후회하는 다섯 가지 목록이다.

- 다른 사람이 아닌, 내가 원하는 삶을 살았더라면
- 내가 그렇게 열심히 일하지 않았더라면
- 내 감정을 표현할 용기가 있었더라면
- 친구들과 계속 연락하고 지냈더라면
- 나 자신에게 더 많은 행복을 허락했더라면

가장 많이 한 후회는 '다른 사람이 아닌, 내가 원하는 삶을 살았더라면'이다. 마지막 순간, 사람들은 못 번 돈을 후회하는 것이 아니라 못 살아본 시간을 후회한다.

# 시간의
## 주인이
## 되는 것

내가 누적수입으로는 큰 손해를 봤음에도 이 삶을 무를 생각이 전혀 없는 이유가 바로 이것이다.

만약 내가 여전히 돈이라는 기준으로만 삶을 평가하고 진로를 결정했다면, 꼬박꼬박 통장에 꽂히는 월급에 의미를 부여하며 적성에 안 맞는 직장생활을 어떻게든 이어가고 있었을 것이다. 하지만 그렇게 인생을 허비하기에는, 나는 내 시간을 너무 사랑했다. 못 번 돈이 아까운 것이 아니라, 원하는 대로 살지 못한 시간이 너무나 아까웠다.

무슨 대단한 용기를 내어 직장을 그만두고 작가의 삶을 선택한 것이 아니다. 삶을 보는 관점이 바뀌니, 물이 위에서 아래로 흐르듯 결정은 자연스러웠다. 돈의 관점에서만 삶을 바라보다 시간의 관점에서 삶을 들여다보니 답은 너무나 자명했다. 달의 앞면만 보도록 강요되는 분위기 속에서, 달의 뒷면에 숨어 있던 너무나도 소중한 진실을 미처 보지 못했던 것이다.

이 사회에는 타인이 원하는 삶을 사는 사람이 너무나 많다. 부모가 원하는 삶, 회사 사장이 원하는 삶, 스승이 원하는 삶, 남편이 원하는 삶, 아내가 원하는 삶, 애인이 원하는 삶, 남들이 보기에 그럴싸해 보이는 삶…. 안타깝게도 타인의 욕망이 투사된 삶에는 나의 욕망이 들어설 곳이 없다. 타인의 욕망을 욕망하며 사는 사람은 노예일 뿐이다. 설사 타인의 욕망이 바람직한 것이라 할지라도 그렇다. 착한 주인이 노예를 올바른 방향으로 인도한다고 해서, 노예의 지위가 바뀌는 것은 아니다. '다른 사람이 아닌, 내가 원하는 삶을 살았더라면'이라는 후회는, 삶의 주인이 되지 못하고 소중한 시간을 다 잃어버린 것에 대한 비통한 탄식이다.

원하는 삶을 선택한 사람은 일하는 시간이 재미와 보람으로 가득 찬다. 사실상 일과 여가를 구분하는 것조차 의미가 없어진다. 깨어서 활동하는 시간 전체가 생명력으로 가득하며 1분 1초가 충실하고 소중한 기억들로 채워진다. 고기도 먹어본 사람이 그 맛을 안다고, 삶의 참된 맛 또한 시간의 주인으로 살아본 사람만 안다, 바로 나처럼!

그런 이유로 청년들을 대상으로 강의를 하면 좋아하는 일을 직업으로 삼아야 행복할 확률이 높다는 얘기를 잊지 않고 한다. 하지만 그런 빤한 얘기가 불편한 사람들도 있기 마련이다. 그들은 바로 다음과 같은 항의성 질문을 던진다.

"자기가 좋아하는 일을 직업으로 삼으면 행복한지 누가 모릅니까? 그런데 솔직히 저는 제가 뭘 좋아하는지 모르겠어요. 그게 더 큰 문제예요."

그럴 때마다 나는 되묻는다.

"그러면 여러분은 그런 (재미와 보람을 느낄 수 있는) 일을 발견할 만한 삶을 살아왔나요?"

강의실이 조용해진다. 대꾸할 말이 없기 때문이다. 고등학교 내내 EBS 수능교재 위주로 살아오지 않았는가. 물론 EBS 수능교재에서 더없는 재미와 보람을 느낀다면, 그것도 나쁘지 않다. 남은 인생을 EBS 수능교재와 함께 보내면 되니까. 심지어 매년 새로운 교재가 나오지 않는가! 하지만 그런 일 따위에서 보람을 느낀다면 그는 변태임이 틀림없다.

물론 좋아하는 일을 발견하지 못한 것을 순전히 개인의 책임으로만 돌릴 수는 없다. 획일화된 교육을 강요하는 사회구조의 탓도 크다. 그럼에도 불구하고 글이 나올 만한 삶을 살았을 때만 쓸 거리가 생기듯, 용기를 내어 다양한 시도를 했을 때 비로소 자신이 무엇을 좋아하는지 발견할 확률이 높아지는 것 또한 사실이다.

그래서 나는 남에게 피해를 주는 일만 아니라면 망설이지 말고 과감하게 딴짓을 하라고 조언한다. 심지어 내가 쓴 책 중에는《청춘에게 딴짓을 권한다》라는 책도 있다.

# 치밀한
## 계획 없이
## 그만둔 직장

전자공학 분야 연구원으로 회사생활 하다가 작가로 전향한 경력 때문인지, 그만둘 때 힘들지 않았냐는 질문을 많이 받는다. 앞서 얘기했지만, 회사 그만두는 결정은 물체가 중력의 법칙을 따르듯 자연스러웠다. 다람쥐 쳇바퀴 도는 회사생활도 싫었고 연구원 일도 적성에 맞지 않았다. 그런 경험 있는가? 하루 중 잠자는 시간이 제일 행복한 경험. 내가 직장 다닐 때 딱 그랬다. 꿈이라도 좀 재미있는 걸로 꾸게 해달라고, 믿지도 않는 신에게 빌었다. 운 좋게 TV 드라마 같은 꿈을 꾸다가 출근 알람에 눈을 뜨면 그렇게 허탈할 수 없었다. 상황이 이렇다 보니 결국 회사를 그만뒀다.

사람들은 내가 사전에 만반의 준비를 마친 후 회사를 그만뒀을 거라 추측하기도 한다. 전혀 아니다. 미리 짜놓은 그럴싸한 계획 따위는 하나도 없었다. 그저 좋아하는 일을 하자는 열정과 신념, 그리고 유전자 저 밑에서부터 꿈틀대는 본능에만 의지했을 뿐이다. 지금도 기억나는데, 그만둘 때 은행잔고가 대략 600만원이었다. 이 정도면 당분간은 어떻게든 버틸 수 있겠다는 수준의 계획(이라고 할 수 있나)만 있었다. 만약 회사를 그만두기 전에 미래에 대한 구체적이고 치밀한 계획 따위가 꼭 필요했다면, 그만두지 못하고 지금도 여전히 직장에서 허우적대고 있었을 것이다. 그냥 숨 막혀서 이것저것 재지 않고 그만뒀다.

물리학자들은 여러 근거를 토대로 우주의 나이는 138억 년, 지구의 나이는 46억 년 정도로 추산한다. 윤회설을 믿지 않는다면, 우리는 지금 이 순간 우주 탄생 이후 138억 년 만에 세상에 모습을 드러내 단 한 번뿐인 생을 살고 있는 셈이다. 아무리 꼬박꼬박 들어오는 돈을 사랑한다 한들, 어떻게 하나뿐인 이런 인생보다 더 사랑할 수 있겠는가. 무엇보다도 나는 내 인생을 너무 사랑했기 때문에 직장을 그만뒀고, 망설임 없이 하고 싶은 일을 선택했다. 수많은 명언을 남긴 과학자 아인슈타인은 다음과 같은 금언도 남겼다.

"어제와 똑같이 살면서 다른 미래를 기대하는 것은 정신병 초기 증세다."

# \<매트릭스\>의
## 네오가
## 되다

기왕 이야기가 여기까지 흘러왔으니 공대를 나와 연구원을 하던 내가 어떻게 전공과 전혀 관련이 없는 인문·사회 분야 작가가 됐는지, 조금은 구체적으로 썰을 풀어보겠다. 도대체 어떤 계기로 이렇게 극적인 업종 전환을 했는지 질문하는 사람들이 많기도 하고, 이 책을 읽는 독자들도 비슷한 궁금함이 있을 것이라 생각한다.

원래 작가가 될 생각은 추호도 없었다. 작가가 된 미래의 모습을 상상해본 적이 단 1초도 없다. 이공계 출신답게 글쓰기 자체를 싫어했고 글도 못 썼다. 관심이 없으니 글 잘 쓰는 사람이 부러울 이유도 없었다. 풋! 너는 글을 잘 쓰냐? 나는 수학에다 물리까지 잘한다, 정도의 느낌이었다. 별다른 사건 없이 계속 전공에만 몰두했다면 지금까지 연구원으로 직장생활을 이어갔을 것이다. 결국 연구원 일이 적성에 맞지 않는다는 것을 깨달았겠지만 그렇다고 딱히 다른 선택지도 없어서, 잠들기 전에 멋진 꿈이라도 꾸게 해달라고 오늘도 신에게 빌었겠지.

대학생 때 글쓰기가 상당히 근사한 일이라는 것을 깨닫게 됐다. 누군가의 글을 읽고 두뇌에 진도 9.0의 지진이 일어났기 때문이다. 규격에 충실한 공대생이라면 접할 기회가 없는, 무려 카를 마르크스의 《자본론》이었다. 전공 공부가 재미없기도 했고, 대학생이라면 마르크스 정도는 읽어봐야겠다는 허세도 있었던 것 같다. 불온서적이라고 쉬쉬하는 분위기가 있으니 왠지 더 보고 싶기도 했고. 하지만 무엇보다도 마르크스의 주장이 구체적으로 어떤 내용이기에 이렇게 논란이 되는지, 그런 궁금함과 호기심이 제일 컸던 것 같다. 《자본론》은 활자가 개인에게 줄 수 있는 최고의 충격을 나에게 선사했다. 영화 〈매트릭스〉에서 주인공 네오가 모피어스에게 빨간약을 받아먹고 세상의 참모습을 본 것과 같은 심정이었다.

무언가에 홀린 듯 관련 도서들을 샅샅이 찾아 읽어내려갔다. 절판되어 일반 서점에서는 구하기조차 힘든 1980년대 사회과학 서적들까지 헌책방을 샅샅이 뒤져 구해 읽을 정도였다. 점점 규격외 공대생이 되어갔다. 여차여차 공대 대학원에 진학했지만 규격외 공대생 생활은 계속됐다. 당시 인터넷이 막 대중화되던 시기였는데, 1998년에 처음으로 개인 홈페이지를 만들어 《공산당 선언》 같은 마

《자본론》은 활자가 개인에게 줄 수 있는 최고의 충격을 나에게 선사했다. 영화 〈매트릭스〉에서 주인공 네오가 모피어스에게 빨간약을 받아먹고 세상의 참모습을 본 것과 같은 심정이었다.

르크스와 엥겔스의 주요 저작들을 일일이 타이핑해 올렸다. 마르크스·엥겔스 저작선집 단행본 전체를 타이핑해서 올렸으니, 그야말로 돈 한 푼 되지 않는 일에 엄청난 시간과 노력을 쏟은 셈이다. 많은 사람이 마르크스의 사상을 접하고 의식이 깨어나면 사회가 나아지지 않을까 하는 생각에, 엄살 좀 보태어 근골격계 질환을 부를 수 있는 수고를 기꺼이 무릅썼다. 중년의 속물 작가가 되어 원고료 입금 없이는 글 한 줄도 나오지 않는 지금의 나로서는 도저히 엄두조차 나지 않는 일이다.

그런데 놀라운 일이 벌어졌다. 당시 유일한 포털 사이트였던 야후 코리아에 홈페이지를 등록하니 매일 수백 명이 내 홈페이지를 방문하는 것 아닌가. 대한민국에 사상적 동지들이 이렇게 많은가 싶어 상당히 고무되었지만, 냉혹한 현실은 오래지 않아 모습을 드러냈다. 홈페이지 개편하면서 Q&A게시판을 만들었는데, 학교 숙제 하려고 마르크스에 대해 검색하다 방문했다며 답 좀 가르쳐달라는 게시물로 가득 찼다. 참으로 허탈하고 맥 빠지는 일이었다. 내가 중고생들 숙제 도와주려고 이 홈페이지를 운영하는 것인가….

진짜로 숙제하려는 중고생이 방문자의 대부분인지 궁금해, 방문자의 IP기록을 남기는 프로그램을 홈페이지 서버에 설치했다. 방문자의 IP주소를 조사하면 방문자의 특성을 어느 정도는 추측할 수 있기 때문이었다. IP기록을 살펴보니 다행히도 숙제하려는 중고생 외에도 여러 경로로 다양한 사람들이 방문하고 있음을 확인할 수 있었다. 그렇게 꾸준히 IP주소를 살펴보는데, 어느 날 상당히 신경 쓰이는 방문이 정기적으로 계속되는 것을 발견했다. 누구인지는 모르겠으나 서울지방경찰청 IP로 매일 아침 내 홈페이지에 출근도장을 찍는 것이었다.

좌파를 탄압하는 희대의 악법인 국가보안법이 서슬 퍼렇게 존재하는 분단국가 대한민국 아닌가. 매일 아침 어김없이 기록되는 서울지방경찰청 IP를 보며 '경찰 중에도 마르크스에 관심 있는 사람이 있나 보네?'라고 가볍게 여길 수만은 없었다. 마르크스의 저작만 소지·탐독해도 이런저런 구실을 들어 잡아가는 경우도 있으니, 마르크스 글로 가득한 홈페이지를 운영하는 입장에서 평상심을 유지할 수 없는 것은 너무나 당연했다.

# 그런데,
# 누구신가요?

그나마 사회가 예전 군사독재 시절에 비해 민주화되어서인지, 마르크스 관련 홈페이지를 운영한다고 해서 국가보안법을 무리하게 적용하는 일은 없었다. 하지만 음지의 누군가가 관심을 갖고 꾸준히 지켜본다는 느낌은 솔직히 썩 달갑지 않았다. 게다가 그런 감시의 눈초리는 인터넷을 넘어 현실에서도 이어지고 있었다.

당시 나는 홈페이지를 통해 사람을 모아 마르크스《자본론》학습 오프라인 모임을 운영하고 있었다. 구성원은 대부분 평범한 대학생이나 직장인이었는데, 격주로 모여서 마르크스《자본론》을 읽고 의견을 나누는 전형적인 독서모임이었다. 모임 장소로는 당시 내가 가입해 활동하던 민주노동당 금천구위원회 사무실이나 잘 아는 사회단체 사무실 등을 빌려 사용했다.

하루는 모임 당일에 사정이 생겨 급히 모임장소를 변경하게 됐는데, 갑작스럽게 변경하다 보니 홈페이지 공지 게시물 내용은 수정하지 못하고 참가자들에게 휴대폰 문자로만 바뀐 장소를 통보했다. 모임 시작시간이 되고 얼마 지나지 않아 갑자기 휴대폰으로 전화가 왔다.

"여보세요? 저 혹시 오늘《자본론》학습모임 장소가 바뀌었나요?"

"네, 사정이 생겨서 급하게 다른 장소로 바꿨어요. 그런데 누구신가요?"

"게시판 공지를 보고 참석하려는데, 모임 장소에 아무도 없는 것 같아서요."

말을 이어가려는데 갑자기 전화가 끊어졌고 같은 번호로 재차 걸었지만 통화가 되지 않았다. 모르는 번호인 데다 전혀 들어본 적 없는 무뚝뚝한 중년 사내의 목소리였다. 뭔가 싸한 느낌이 왔다.

'아! 감시하고 있었구나. 오늘도 여느 때처럼 모임을 감시하려다 예상과 다르게 사람들이 안 모이니 당황해서 급한 마음에 나한테 직접 전화했구나.'

국정원, 경찰, 기무사 등의 공안기관에는 국가보안법이라는 악법에 기대어 생계를 해결하는 사람들이 적지 않다고 들었다. 이들 입장에서는 국가보안법 관련 공안사건이 지속적으로 터져줘야 자신들이 조직에서 쓸모 있는 존재라는 것이 입증된다. 당시 내가 활동하던 민주노동당 금천구위원회의 당원 중에는 국가보안법으로 구속된 경력이 있는 사람들이 꽤 있었다. 민주화 운동 및 진보단체 활동을 하다가 독재정권의 탄압으로 고문당하고 구속되어 고생한 분들이다. 지금 생각해보면 아마도 공안기관에서는 국가보안법 구속 경력이 있는 사람들과 나를 동시에 엮어서 건수를 올리려고 했던 것 같다. 특히 국가보안법 전과가 있는 사람은 과거 경력을 구실 삼아 적당히 엮는 것이 상대적으로 용이하기도 하다. 그들에게는 쉽게 성과를 올릴 수 있는 먹잇감인 셈이었다.

# 감시당하는
## 인생

진짜로《자본론》학습모임에 참석하고 싶은 사람일 수도 있는데, 내가 너무 과도하게 예민한 것 아니냐고? 그렇게 생각하는 사람을 위해 빼도 박도 못하는 확인사살용 경험담을 하나 더 들려주련다.

2009년이나 2010년쯤으로 기억한다. 모르는 전화번호가 떠서 전화를 받으니, 대뜸 젊은 남자가 다급하면서도 조심스러운 어조로 나에게 임승수 작가 본인이 맞느냐고 물어봤다. 맞다고 하니, 자신은 군대 부사관인데 내가 쓴 책을 소지·탐독했다는 이유로 기무사에서 조사를 받고 있다는 것이었다(부사관이 소지·탐독한 책이《차베스, 미국과 맞짱뜨다》《원숭이도 이해하는 자본론》이었던 것으로 기억한다).

기무사가 어떤 곳인가! 공식 명칭은 국군기무사령부이며 기무사 홈페이지를 보면 주요업무 중 하나로 다음과 같은 내용이 나온다.

### 군사보안 및 군방첩업무

군 및 군 관련 보안대책 수립·개선을 지원하고, 군사보안에 관련된 인원에 대한 신원조사와 보안조사 등 제반 보안지원 업무를 수행하는 한편, 대간첩·대테러 작전 지원 등 방첩활동을 통해 외부의 각종 위협으로부터 국민과 군을 보호하고 있습니다.

### 군사법원법에 규정된 특정범죄 수사

수사대상 : 내란·외환·반란·이적의 죄, 군사기밀 누설죄, 암호 부정사용의 죄, 국가 보안법 및 국가기밀보호법·집시법·남북교류협력법에 규정된 죄

기무사령부는 건군 이후 전 공안기관 검거 간첩의 43%를 검거하는 등 조국의 평화와 번영을 위해 국가안보의 최일선에서 지금 이 시간에도 헌신하고 있습니다.

서슬이 퍼런 기무사 관계자가 부사관에게 '너, 임승수와 무슨 관계야? 솔직하게 불어!'라는 식으로 계속 추궁하며 조사했다는 것이다. 그저 책에 관심이 있어서 읽었을 뿐인데 기무사에 불려가 그 무슨 '관계'까지 추궁당하며 조사를 받으니 황당했단다. 혹시라도 작가에게 피해가 가지는 않을까 걱정이 되어, 출판사를 통해 연락처를 알아내 공중전화로 연락했다는 것이다.

짧은 통화 순간에도 여러 생각이 머릿속을 스쳤다.

'공중전화를 이용했다니, 혹시라도 있을지 모르는 도감청을 피하려고 하는 것 같군. 음, 현명한 선택이야. 그런데 혹시 이 부사관의 전화가 함정은 아닐까? 혹여나 공중전화 통화 자체를 누군가 엿듣고 있다면?'

베네수엘라의 차베스 대통령에 관한 책, 그리고 《자본론》 해설서를 썼을 뿐인데, 왜 나는 첩보영화의 주인공이나 할 법한 생각을 하고 있는가. 국가보안법 같은 괴상한 악법이 없는 나라의 사람이 내 얘기를 들으면, 나보고 피해망상증 환자라고 할지도 모르겠다. 민족 분단의 아픔은 일개 글쟁이의 삶도 첩보 드라마처럼 비틀어놓는다.

나는 누군가 이 통화를 엿들을 수 있다는 것도 염두에 두고 조심스럽게 얘기를 나눴다. 부사관과 전혀 모르는 사이이며 이런 일이 벌어진 것이 매우 당황스럽고 이해하기 힘들다는 식으로 대화를 이어나갔다. 물론 이것은 하나도 빠짐없이 명백한 사실이지만, 혹시나 도청하고 있을지 모르는 그 누군가의 불필요한 의심을 사지 않도록 더욱 신경 써서 얘기했다.

전화를 마치고 한동안 혼이 나간 듯 멍하니 있었다. 허…… 무려 기무사라니! 두근거리는 가슴이 진정될 즈음, 본능적으로 이 사실을 지역의 민주노동당 선배들과 공유해야겠다는 생각이 들었다. 같은 민주노동당 금천구위원회의 한 선배에게 전화를 걸어 자초지종을 설명하고 나니 가만히 듣던 선배가 대뜸 이렇게 말한다.

"승수야, 그런데 너랑 우리랑 정말 아무 관계도 없잖아? 그렇잖아?"

어이쿠, 이 선배도 도청을 우려하고 있구나! 선배가 얘기한 '우리'는 자신이 소속된 서울민주노동자회를 의미하는 단어였다. 선배가 소속된 노동운동단체 서울민주노동자회는 국가보안법상 이적단체로 지목되어 회원들이 구속된 전례가 있었다. 당시 구속되어 조사를 받을 때 공안기관들이 회원들의 일상 통화까지 죄다 도감청한 것을 알게 됐고, 그런 경험이 있는 선배는 내가 전화를 걸어 전하는 기무사 관련 얘기들이 이래저래 부담스러웠을 것이다. 때문에 마치 내가 부사관과 통화할 때처럼, 그 선배는 도감청을 우려해 의식적으로 방어적 자세를 취한 것이다.

글을 쓰면서 당시 상황이 떠오르니 오래된 일임에도 여전히 입맛이 쓰다. 나에게 전화했던 부사관은 잘 지내나 모르겠다. 혹시 이 책을 본다면 연락이나 한번 주면 좋겠다. 어쩌면 기무사에서 조사받은 후 내 책은 거들떠보지 않을지도….

# 베네수엘라 호텔
## VIP 객실에
## 묵게 된 썰

내가 뭔가 무시무시한 얘기만 늘어놓으니, 직장 그만두고 선택한 작가의 삶이 그야말로 실패 아니냐고 오해할 것 같은데, 전혀 그렇지 않다. 작가로 살았기 때문에 경험할 수 있는 흥미진진한 일들이 얼마나 많았는데!

2006년 12월에 출간한 첫 책 《차베스, 미국과 맞짱뜨다》 덕분에 나는 지구 반대편에 위치한 베네수엘라를 방문하게 되었다. 자초지종은 이러하다. 책 속에서 베네수엘라의 차베스 대통령이 추진하는 진보적 사회변화에 대해 다뤘는데, 당시 민주노동당 관계자들이 《차베스, 미국과 맞짱뜨다》를 두루두루 읽으며 베네수엘라에 큰 관심을 갖게 됐다. 이런 분위기가 점차 무르익고 발전하여 민주노동당과 베네수엘라 집권당이 정식으로 교류를 트는 상황으로까지 이어졌다. 나는 책의 저자이자 민주노동당 서울시당의 교육부장으로서 민주노동당과 베네수엘라 집권당과의 교류사업에 주도적으로 참여해 베네수엘라를 공식 방문하게 된 것이다.

책 한 권 썼을 뿐인데 그것이 국경을 넘나드는 정당 간 교류로 이어지고, 당의 동지들과 함께 베네수엘라를 공식 방문하는 상황까지 이어지니 책을 쓴 사람으로서 그저 신기할 뿐이었다.《차베스, 미국과 맞짱뜨다》는 주로 외국의 서적이나 연구논문 및 언론보도를 토대로 썼기 때문에, 나 역시 베네수엘라를 직접 방문하는 것은 처음이었다.

베네수엘라 정부 초청으로 방문하는 형식이었기 때문에 숙식 및 일체의 편의를 베네수엘라 정부에서 제공했다. 그런데 원래 묵기로 한 호텔에 빈 객실이 없는 돌발상황이 벌어져, 베네수엘라 외교부 직원이 우리 방문단 눈앞에서 전전긍긍하는 것 아닌가. 어쩐지 뭔가 너무 잘 풀린다 싶었다. 그러면 그렇지. 분에 넘치는 행운은 여기까지인가 싶던 찰나, 분주하게 이곳저곳 전화를 하던 외교부 직원이 활짝 웃으며 다른 숙소를 구했다고 우리에게 OK 사인을 보낸다. 급히 변경된 숙소는 원래 묵기로 되어 있던 호텔보다 훨씬 등급이 높은 베네수엘라의 최고급 호텔, 멜리아 호텔이었다. 우리나라로 치면 남산 신라호텔 같은, 그야말로 베네수엘라 대표 호텔이었다. 당시 베네수엘라를 방문한 인원이 8명이었는데, 인원수에 맞춰 8개의 VIP 객실을 제공하는 것 아닌가! 해외에서 장관급 인사가 방문했을 때 제공하는 객실이란다. 새옹지마塞翁之馬도 이런 새옹지마가 없다.

나뿐만 아니라 방문단 구성원 모두는 최고급 호텔의 VIP 객실과는 전혀 거리가 먼 삶을 살아온 사람들이었다. 민주노동당 관계자 대부분이 그렇듯, 주로 천막농성이나 가두투쟁에 잔뼈가 굵은 사람들인데, 침실과 집무실이 따로 분리된 초호화 객실에서 페루산 양모 타월로 샤워 물기를 닦아내니 피부도 황송하다며 난리다. 당시 방문단 인사 중에는 당에서 일하기 전에 리츠칼튼 호텔에서 근무했던 분이 있었다. 그분 얘기에 의하면 우리 객실과 비슷한 등급의 리츠칼튼 호텔 객실이 1박에 500만원 정도 한단다. 그 얘기를 들으니 더욱 부담스럽게 느껴졌다. 결국 우리 방문단은 베네수엘라 외교부 측에 다른 저렴한 객실로 옮기거나 그것이 어렵다면 사용하는 객실 수라도 줄이고 싶다고 제안했다. 외교부 직원은 객실을 변경하거나 줄이는 것이 더 번거롭다며 그냥 사용하라고 하는 것 아닌가. 후후후, 올레! 끼니때가 되어 호텔 안의 뷔페 레스토랑으로 이동했다. 현악 사중주단이 직접 음악을 연주하는 가운데 즐비하게 차려진 진귀한 뷔페 음식을 먹으니, 내 개털 인생에서 이게 무슨 조화인가 싶었다.

이 드라마 같은 상황을 만들어낸 것은 오로지《차베스, 미국과 맞짱뜨다》라는 책 한 권의 힘이다. 내가 작가로 살지 않았다면 도저히 일어날 수 없는 일이다. 당시《차베스, 미국과 맞짱뜨다》를 베네수엘라의 한 지역 도서관에 기증했다. 어쩌면 베네수엘라에 사는 한인 교포들이 동네 도서관에서 뜻밖의 한국어 책을 발견하고 반가워할 지도 모르겠다.

# 통했다!

아침마다 네이버에서 내 이름을 검색하며 인터넷 바다 구석구석을 뒤진다. 오해 마시라. 어딘가 숨어 있는 음습한 블로그나 게시판에 내 욕이 올라와 있는지 색출하려는 의도는 아니다. 나는 기무사나 국정원이 아니니까. 그렇다면 왜?

작가가 가장 기쁠 때는 언제일까? 인세가 통장에 팍팍 꽂힐 때 아니겠냐고 할지 모르겠다. 돈이 꽂히면야 당연히 기쁘겠지만, 혹시 돈벼락 좀 맞아볼 심산으로 작가를 선택한 사람이 있다면 그는 분명 사회적 보호와 배려가 필요한 한정치산자임이 틀림없다. 대한민국에서 작가로 사는 삶이 얼마나 팍팍한지 일부러 구차하게 묘사할 필요가 있을까? 막말로 자식이 작가 한다는데 흔쾌히 반겨줄 부모가 누가 있겠나.

인세도 좋지만, 무엇보다도 작가는 하고 싶은 얘기가 있는 사람이다. 작가라는 범주로 분류되는 사람들은 그 특성상 자신이 하고 싶은 얘기를 주변 사람들에게 음성언어로 전하는 정도로는 도무지 성에 차지 않는 사람들이다. 그런 기질 때문에 문자라는 수단을 선택해서 하고 싶은 얘기를 퍼뜨리는 데 자신의 에너지와 시간 대부분을 쏟는, 그렇게 생겨먹은 사람들이다.

그러면 다시 묻겠다. 작가가 가장 기쁠 때는 언제일까? 그렇다. 자신의 얘기가 통通했을 때다. 내가 매일 아침 네이버에서 내 이름을 검색하는 이유는, 내 책을 읽은 독자가 남긴 리뷰를 샅샅이 찾아내어 글씨 하나라도 놓치지 않기 위해서다. 글씨 하나를 놓치면 내가 얻을 기쁨의 총량이 그만큼 줄어들지 않겠는가. 어떤 이가 내 책 《원숭이도 이해하는 자본론》을 읽고 자신의 블로그에 쓴 리뷰를 일부 발췌한다. 당신이 저자인데 이런 리뷰를 만났다고 생각하며 읽어보라.

흔히들 고전을 읽는다는 건 '거인의 어깨 위에 서서 세상을 바라보는 일'이라고들 한다. 그만큼 한 사람이 혼신을 다해 집필한 고전을 읽는다는 건 가치 있는 일이다. 그러나 '거인의 어깨 위'로 올라가는 일은 그리 녹록치 않다. 어깨는커녕 무릎까지 올라가다가도 번번이 미끄러지는 일이 다반사다. 그렇다면 어떡하지? 방법은 있다. 거인의 어깨 위에 매달리는 것이다. 어떻게? 이미 거인의 어깨에 서서 세상을 바라보는 이들의 도움을 받아서 (…) 그리고 올해, 드디어 이 책을 만났다. 그리고 나는 이 책을 읽으며 드디어 거인의 어깨가 보인다며 환호성을 질러대고 있었다. (…) 나는 쉴 새 없이 '과연!' '역시!' '세상에!' 등등의 온갖 감탄사를 연발하면서 이 책을 읽어가고 있었다. 물론, 나의 이러한 깨달음 뒤에는 역시나 '원숭이도 이해할' 정도로 《자본》을 풀어놓은 저자 임승수의 공이 크다고 할 수 있다. 나는 그에게 맑스 말고도 내가 올라서고 싶었지만 차마 올라설 수 없었던 수많은 다른 고전의 시리즈를 내달라고 애원하고 싶을 정도였다. (…) 이런 책이야말로 정말이지 대학생 필독 추천도서가 되어야 한다. 맑스는 반드시 정복해야 하는 거인임이 틀림없다. 그리고 이 책의 저자 임승수는 우리를 거인의 어깨로 인도할 가장 친절하고 고마운 인도자일 것이다. 진짜 제대로 된 책을 읽었다. 강추!

캬~~~ 역시, 다시 읽어도 기분 최고다. 아드레날린이 저 아래 엄지발톱 끝부터 정수리 쪽 머리카락 최후의 한 올까지 충만한 느낌이다. 솔직히 누가 이 기분을 알까 싶다. 작가로 산다는 것은 매일 아침 일어나 자신의 이름을 검색하며 이런 글을 만날 기대에 부풀어 하루를 시작하는 것이다. 이 맛에 작가를 한다(물론 호된 비판으로 가득 찬 리뷰에 고개를 떨구기도 하고, 인터넷 서점에서 내 책의 판매지수 변화 추이를 확인하며 장탄식을 내쉬기도 하지만).

# 통제하는 자와
# 통제당하는
# 자

권력은 개인의 시간을 통제한다. 중국과 로마의 황제는 역법曆法을 제정해 권력의 자장 안에 존재하는 인간을 자신의 스케줄에 맞춰 통제했다. 중국 진나라 시절에 발생한 진승·오광의 난은 관급 공사에 동원된 백성들이 정해진 '시간'까지 공사장에 도착하지 못한 사건이 발단이 됐다. 당시에는 관급 공사 동원에 늦으면 사형에 처했는데, 어차피 가도 죽고 도망가도 죽는 상황에 처한 군중들이 봉기한 것이다(기록된 역사에 의하면 그렇다만, 실제 상황은 좀 복잡할 수도 있을 거라 생각한다).

현대 자본주의 사회에서는 기업을 소유한 자본가 계급이 개인의 시간을 통제한다. 사회 구성원의 다수를 이루는 노동자는 기업이 정하는 시간에 맞춰 출근과 퇴근을 반복한다. 회사의 회식이 잡히면 개인 약속도 급히 취소하는 경우가 다반사고, 프로젝트 마감이 닥치면 주말과 휴일을 반납하고 야근과 철야를 불사한다. 법정휴가를 사용하는 데도 회사의 눈치를 봐야 하고 퇴근 후에도 업무 관련 연락에 시달린다. 이렇듯 인류의 역사를 통해, 사회의 지배자는 시간을 통제하고 피지배자는 시간을 통제당한다.

작가로 살면서 무엇보다 만족스러운 것을 꼽자면, 나 스스로 '시간의 주인'이 된다는 점이다. 물론 남의 눈치 보지 않고 멋대로 살 수 있다는 뜻은 아니다. 원고를 청탁한 측과 약속한 마감일을 지켜야 하고, 저자 특강 같은 일정이 잡히면 늦지 않게 강연 장소에 도착해야 한다. 당연하게도, 상대에게 존중받기 위해서는 먼저 상대를 존중해야 한다. 그런데도 모든 일정은 (어느 정도 협의를 하지만) 결국 나 자신이 최종적으로 결정한다. 누군가 실을 잡아 끌어올리면 불가항력적으로 팔을 들 수밖에 없는 마리오네트 인형이 아니라는 의미다. 자신의 삶(시간)을 스스로 통제할 수 있다는 느낌만큼 삶에 강렬한 에너지를 부여하는 것이 또 있을까?

공대생이 뜬금없이 마르크스《자본론》을 읽지 않았다면, 그리고 전자공학 연구원이 지구 반대편 베네수엘라의 대통령에 관심을 갖지 않았다면, 나는 지금과 같은 작가의 삶을 살 수 없었을 것이다. 공대생과 연구원이라는 상황이 요구(사실상 '강요')하는 일정대로 내 시간을 맞추기만 했다면, 지금도 여전히 적성에 맞지 않는 직장생활의

스트레스에 육체와 정신의 건강을 해치며 하루하루를 보내고 있을 것임이 틀림없다.

마음속 깊은 곳으로부터 나오는 소리에 귀를 기울이고, 외부환경의 강요가 아닌 내면의 유전자가 이끄는 방향으로 나아가니, 공대생과 연구원의 단조로운 일상이 특별한 경험과 과감한 시도로 채워지기 시작했다. 이 경험과 시도의 시간이 켜켜이 쌓인 퇴적층 밑에서 문장들이 움터 나와 책으로 열매를 맺었다. 히포크라테스는 "우리가 먹는 것이 곧 우리 자신이 된다"고 했다는데, 나는 이렇게 바꿔 말하고 싶다.

'당신이 사는 시간이 바로 당신 자신이 된다.'

우리는
시간을
빼앗기며
살고 있다

어쨌든 형식적으로는
노동자와 자본가가 대등한
계약관계다. 그런데도
상상도 할 수 없는
어마어마한 빈부격차와
다수의 빈곤층을 목도하며,
우리는 자본주의 사회가
과연 착취가 존재하지 않는
공정한 사회인지 되묻지
않을 수 없게 된다.

# 《자본론》,
# '시간'의 관점으로
# 경제를 보다

내가 시간의 소중함을 깨닫고 인생의 경로를 크게 틀게 된 것은 전적으로 《자본론》 때문이다. 인생을 바꾼 단 한 권의 책을 꼽으라면 조금도 망설이지 않고 《자본론》을 꼽는다. 이 책에서 《자본론》의 내용을 간략하게나마 소개하게 된 것은 필연적이라 생각한다.

카를 마르크스가 사회주의자·공산주의자이기 때문에 《자본론》을 사회주의에 대한 책으로 착각하는 사람들이 많다. 그들은 《자본론》 얘기를 꺼내면 사회주의나 공산주의에는 관심 없다며 고개를 가로젓는다. 안타깝게도 이런 반응은 자신의 무지를 드러낼 뿐이다. 《자본론資本論》은 제목 그대로 자본資本주의 사회를 논論한 책이다. 책은 처음부터 끝까지 자본주의 사회에 대한 치밀한 분석과 날카로운 통찰을 담고 있다. 미안하지만, 사회주의나 공산주의에 대한 분석은 전혀 없다. 그럴 수밖에 없는 것이, 마르크스가 살던 시대에는 사회주의 사회나 공산주의 사회가 존재하지도 않았다. 마르크스가 아무리 천재라 하더라도 어떻게 있지도 않은 것을 분석하겠나?《자본론》이 시대와 지역을 초월해 큰 반향을 일으킨 것은 탁월한 자본주의 분석 때문이다. 사회주의나 공산주의에 관심 없어서《자본론》에 관심 없다고 말한다면, 그것은 예수에 관심 없어서 불교에 관심 없다고 말하는 것과 같다.

우리는 경제현상을 분석할 때 그저 돈의 흐름만 보게 된다.《자본론》은 경제를 '돈'이 아니라 '시간'의 관점에서 바라본다. 돈은 표면적으로 드러난 '현상'일 뿐이며, 그 배후에서 작동하는 '본질'은 시간이다. 경제현상을 '돈'이 아닌 '시간'의 관점에서 분석하면, 베일 뒤에 가려졌던 자본주의의 충격적인 민낯이 그 모습을 드러낸다. 자유로운 시장경제를 기반으로 돌아가는 자본주의에서 왜 이렇게 엄청난 빈부격차가 발생하는지, 그런 불평등이 어떻게 '시간'이라는 요소와 긴밀하게 연관이 되어 있는지를《자본론》은 소름 끼치도록 예리하게 파헤친다.

지금부터 어느 정도의 지면을 할애해《자본론》의 핵심내용을 설명한다. 장담컨대, 차근차근 이해하며 읽다 보면 자본주의 사회에 숨어 있는 시간의 비밀에 경악할 것이다. 무엇을 기대하더라도 그 이상을 보게 된다. 어렵지 않을까 우려할 필요도 없다. 이 글을 쓰는 사람이 바로《원숭이도 이해하는 자본론》의 저자 아닌가. 자본주의 시스템 속에 숨어 있는 시간의 비밀을 함께 탐험해보자.

# 생산관계의 차이로
## 시대를
## 나누다

《자본론》의 내용으로 본격적으로 들어가기 전에, 우선 자본주의가 무엇인지부터 알아보자. 자본주의에 대해 분석하려는데, 자본주의가 뭔지도 모르면 우습지 않은가. 시장경제가 자본주의 아니냐고 하는 사람들도 있는데, 조선시대에 육의전, 5일장 같은 시장이 있었다고 우리가 조선시대를 자본주의라고 하지는 않는다. 의외로 우리는 자본주의 사회에 살면서도 자본주의가 무엇인지 정확히 모른다.

자본주의 사회가 도대체 어떤 사회인지 명확하게 이해하려면 역사상 존재했던 다른 형태의 사회들과 비교할 필요가 있다. 예컨대 우리는 역사 시간에 이런 형태의 사회들을 배웠다.

원시공산주의, 노예제, 봉건제, 자본주의, 사회주의, 공산주의 사회학자들이 인류가 살아온 시대를 이런 식으로 구분할 때는 아무런 기준 없이 무턱하고 하지는 않았을 텐데, 과연 이렇게 나누는 기준은 무엇일까? 바로 '생산관계'다. 용어가 좀 생소할 텐데, 차근차근 알아보자.

## 노예주 – 노예: 노예제 사회의 생산관계

사람은 생존하기 위해 먹어야 하고 옷도 입어야 하고 집도 있어야 한다. 이런 재화가 하늘에서 뚝 떨어지거나 땅에서 불쑥 솟아나지는 않는다. 누군가가 노동을 해야 만들어진다. 그렇기 때문에 사람이 사회를 이뤄 생존하고 생활하는 데 '노동'은 필수이자 근본이다. 사람은 사회의 구성원으로서 생산활동에 참여해 노동을 하는데, 이때 사람과 사람 사이에 맺는 관계를 '생산관계'라고 한다. 바로 이 관계의 차이가 시대를 나누는 기준이다.

예컨대 노예제 사회에서는 사람들이 노예와 노예주라는 신분으로 관계를 맺는다. 노예제 사회의 생산관계는 '노예–노예주 관계'인데, 노예는 물건처럼 가격이 매겨져서 노예주에게 팔려, 노예주의 지시에 따라 짐승이나 기계처럼 부려지며 일한다. 노예주는 노예주라는 지위 덕분에 노예가 열심히 일한 성과물을 빼앗아 자기 것으로 삼을 수 있으며, 노예제 사회에서는 이런 행위가 엄연히 합법이다. 노예제 사회에서는 노예를 부리면서 부를 축적한 노예주가 사회를 지배하는 세력, 즉 지배계급이다.

## 영주 – 농노: 봉건제 사회의 생산관계

그러면 봉건제 사회는 어떨까? 봉건제 사회에서는 '영주'와 '농노'의 생산관계가 형성된다. 중세 서양 봉건제에서는 봉건 영주가 장원이라고 불리는 대토지를 소유하고, 장원에 속한 농노가 토지를 대여해 생계를 유지했다. 농노는 소규모의 땅(탁영지託領地)을 경작해 자신과 가족의 생계를 유지했지만, 토지 소유권이 없어서 토지를 자신의 뜻대로 처분할 수 없었다. 기독교 사회였기 때문에 일주일 중 하루는 안식일이라는 명목으로 쉬었고, 6일을 일하면서 3일은 탁영지에서 일했지만, 나머지 3일은 영주가 직접 관리하는 직영지直領地에서 일했다. 농노 입장에서 탁영지에서 일하는 것과 직영지에서 일하는 것은 큰 차이가 있다. 직영지에서 생산되는 것은 영주의 몫이라 농노 자신과 가족의 생계에는 직접적으로 도움이 안 되기 때문이다. 반면에 영주 입장에서는 직영지에 농노를 동원해 부역을 시켜 재산을 축적한다. 직영지가 광대하고 농노의 수가 많을수록 어마어마한 부를 거머쥘 수 있으며, 결국 봉건제 사회에서는 토지를 소유한 영주가 지배계급이 된다. 봉건 영주가 배타적으로 토지를 소유할 수 있는 권한은 신분제에 의해 뒷받침되었다. 자신이 귀족이니 당연히 토지를 소유할 권리가 있다는 얘기다. 신분제가 잘못됐다고 보는 지금의 상식으로는 어처구니없는 얘기지만.

## 자본가 – 노동자: 자본주의 사회의 생산관계

그러면 자본주의 사회는 어떤 생산관계로 특징지어질까? 자본가와 노동자의 관계다. 자본가는 사업을 할 종잣돈, 즉 '자본금'이 있다. 그 돈으로 땅도 사고 공장도 짓고 기계도 들여오고 노동할 사람도 고용한다. 공장에서 생산된 상품을 시장에 내다 팔아 이윤을 남겨 돈을 벌고 회사 규모를 키운다. 노동자는 자본이 없기 때문에 먹고살기 위해서는 자신의 노동력을 자본가에게 판매해서 임금을 받아 생계를 유지한다. 이렇듯 자본주의 사회에서는 주로 '자본가 – 노동자의 관계'를 통해 생산활동이 이루어진다.

물론 한 사회에 여러 생산관계가 동시에 존재할 수 있다. 하지만 사회 형태를 규정할 때는 그 사회의 '지배적 생산관계'가 무엇인가를 중심으로 판단한다. 그런 맥락에서 보았을 때, 우리 사회는 자본주의적 생산관계가 지배적이기 때문에 의문의 여지 없이 자본주의 사회라고 할 수 있다.

# 자본주의
## 사회의
## 빈부격차

생산관계를 얘기할 때 한 가지 꼭 짚어야 할 점이 있다. 해당 사회에서 땀 흘려 일하는 사람들, 즉 노예, 농노, 노동자 등의 이름으로 불린 '근로대중'이 사회에서 어떤 취급을 받았는가 하는 점이다.

노예제 사회에서는 근로대중이 노예로서 도구나 다름없는 취급을 당했다. 노예주는 노예를 물건처럼 거래했으며, 노예에게 강제로 노동을 시키면서도 근로 능력 유지에 필요한 최소한의 필수품만 제공했다. 노예가 노동한 결과물은 전부 노예주의 소유가 되었기 때문에 노예주는 부자가 되고 노예는 가난해질 수밖에 없었다.

예를 들어 나에게 200명의 노예가 있다고 치자. 그러면 돈 벌기가 무척 쉬워진다. 200명을 전부 편의점에 취업시켜서 일당 5만원을 꼬박꼬박 내 계좌로 입금하도록 지시하면 하루에 얼마를 벌 수 있을까? 200명에 5만원을 곱하면 하루에 1000만원이다. 나는 매일 꼬박 꼬박 1000만원을 벌게 되니 부자가 되고, 200명의 노예들은 열심히 일한 몫을 다 빼앗기니 가난해진다. 이렇듯 노예제 사회에서 발생하는 빈부격차는 개인 능력의 차이 때문이 아니라 사회구조에 의해 발생하는 구조적 빈부격차다.

여담이지만, 세계 최강 국가라는 미국이 그렇게 빨리 부자 나라가 된 것도 흑인 노예 덕분이었다. 신대륙으로 이주한 청교도들이 기독교를 믿으며 청렴하고 성실하게 살아서 부자가 됐다는 얘기를 교회에서 들었던 기억이 있는데, 그걸 덜컥 믿었던 나 자신이 지금 생각해보면 참으로 순진했다. 미국 남부의 백인 농장주들이 흑인 노예를 대규모로 가혹하게 부릴수록 빠르게 부를 축적하지 않았겠나. 그런데 미국 역사를 주로 백인이 기술하다 보니 미국이 자본을 축적할 수 있었던 이면에는 흑인 노예의 희생과 백인의 착취가 있었다는 사실을 제대로 다루지 않는다.

봉건제 사회에서 근로대중이었던 농노의 삶은 어떨까? 농노는 노예처럼 거래되지 않았으며 장원 안에는 자신이 직접 농사를 짓고 산출물을 처분할 수 있는 탁영지가 있었으니, 노예보다는 상황이 좀 나았을지도 모르겠다. 그렇지만 이들 역시 구조적인 착취에서 자유롭지 못했다.

농노는 일주일에 6일을 일하는데, 3일은 자신의 탁영지에서, 나머지 3일은 영주의 직영지에서 일했다. 탁영지에서 나오는 산출은 자신이 먹고사는 데 쓸 수 있지만, 직영지의 산출은 영주에게 귀속되었다. 앞서 언급했던 편의점의 비유를 들자면, 일당 5만원을 반씩 나눠 가지는 것으로 볼 수 있다. 200명의 농노가 나한테 2만5000원을 입금한다면 매일 500만원이 들어오니 나는 부자가 될 테고, 농노는 2만5000원만 받으니 가난해질 것이다. 이것이 봉건제 사회의 착취구조다. 당연하게도 봉건제 사회 역시 빈부격차가 무척 심했다.

그러면 우리가 살고 있는 자본주의 사회는 어떨까? 자본주의 사회에서 근로대중의 삶은 노예나 농노와는 비교할 수 없을 정도로 자유로워졌다. 법적으로 자본가와 노동자는 동등한 인격체다. 각자 자유롭게 경제활동을 하면서 그에 해당하는 소득을 얻으니 공평해 보이기도 한다. 자본가는 자본을 댔으니 이윤을 가져가고 노동자는 일을 해줬으니 임금을 받아가는 식으로 말이다. 그럼에도 빈부격차는 어마어마하다. 재벌 회장과 비정규직 노동자의 격차를 보면 노예와 노예주의 격차, 농노와 영주의 격차는 우스울 지경이다. 열심히 일해도 먹고살기 힘든 다수가 한쪽에 있고, 그들보다 10만 배 더 일하는 것도 아닌데 10만 배 이상 부를 소유한 특별한 소수가 존재하는 것이 우리 사회의 모습 아닌가. 개개인의 능력 차이로는 도저히 설명할 수 없는 어마어마한 빈부격차가 발생하니, 자본주의 사회도 이전 사회들처럼 착취가 존재하지 않을까 하는 의구심이 드는 것도 사실 자연스럽다.

그런데 막상 자본주의 사회에도 노예제나 봉건제 사회처럼 착취가 존재하느냐고 물어본다면 답이 궁하다. 솔직히 노예제 사회나 봉건제 사회는 착취구조가 확연히 드러난다. 노예주나 봉건 영주의 재산 대부분은 노예나 농노의 노동 결과물을 빼앗은 것 아닌가. 반면 자본주의 사회에서는 자본가와 노동자가 근로계약을 맺고 서로 계약을 이행하는 방식으로 돌아간다. 노동자는 자본가에게 일을 해주고 자본가는 그 대가로 임금을 지급한다. 한쪽이 계약을 어기면 쿨하게 고소·고발을 할 수도 있다. 물론 월급이 너무 적다면 '뭐, 나의 가치가 이 정도인가?'라는 자괴감도 들겠지만, 어쨌든 형식적으로는 노동자와 자본가가 대등한 계약관계다. 그런데도 상상할 수 없는 어마어마한 빈부격차와 다수의 빈곤층을 목도하며, 우리는 자본주의 사회가 과연 착취가 존재하지 않는 공정한 사회인지 되묻지 않을 수 없게 된다.

《자본론》은 바로 자본주의 사회의 빈부격차가 '착취'에 기초한 것인지 아닌지를 숫자로 풀어서 증명한다. 그런 것을 어떻게 숫자로 풀어서 증명하느냐며 놀랄지도 모르겠다. 그걸 숫자로 증명해서 유명해진 책이 바로 《자본론》인 것이다. 수학 포기한 사람에게 계산을 들이밀면 어떡하냐고? 여기서 나올 가장 어려운 계산이 3 곱하기 8이다. 답이 24라는 것은 이미 널리 알려져 있지만, 노파심에서 그 계산마저 내가 직접 풀어놨다. 다만 지금까지 여러분이 접한 경제학과는 완전히 다른 관점에서 경제현상을 접근하니, 편견을 버리고 열린 마음으로 봐주기 바랄 뿐이다.

# 상품이란
# 무엇인가

자본주의가 착취사회인지 아닌지를 증명하는 과정은 다음과 같이 세 단계를 거친다.

**① 상품이란 무엇인가?**

② 돈과 자본의 차이는 무엇인가?

③ 이윤은 어디에서 나오는가?

우선 1단계의 주제인 '상품'에 대해서 다뤄보자. 상품의 존재 이유는 교환이다. 내가 쓰려고 만드는 것은 상품이 아니다. 내가 집에서 옷을 100벌 만들더라도 그걸 내가 다 입는다면 상품이 아니다. 하지만 단 한 벌을 만들더라도 판매 및 교환을 목적으로 만들었다면 상품이다.

자본주의 사회는 인간에게 필요한 거의 모든 것이 상품화되는 사회다. 나는 어릴 때 물을 돈 주고 사 먹는다는 건 꿈에도 생각하지 못했다. 하지만 지금 우리는 천연덕스럽게 물을 사 먹는다. 지식에도 특허라는 딱지를 붙여서 거래 가능한 상품으로 만든다. 물론 사람도 상품이 된다. 인력시장에서 팔리기를 바라며 일자리를 찾는 사람들, 구직원서를 여기저기 넣는 청년들은 자신의 노동력을 상품으로 포장해서 기업에 선택해달라고 요구한다. 은밀한 시장이기는 하지만 신장, 안구, 콩팥 등 인간 장기도 상품으로 매매되고 있다.

마르크스는 어떤 재화가 상품이 되기 위해서는 두 가지 가치를 갖고 있어야 한다고 했다. 하나는 '사용가치', 다른 하나는 '교환가치'다.

**사용가치**
**교환가치**

상품이 사용가치를 가진다는 말은 그 상품이 '쓸모가 있다'는 뜻이다. 컴퓨터는 연산이 빠르다는 사용가치가 있다. 휴대폰은 멀리 있는 사람과 즉시 연락할 수 있다는 사용가치가 있다. 나는 와인을 무척 좋아하는데, 와인은 다른 음식에서 경험하기 어려운 개성 있는 맛과 향을 제공하기 때문에 사용가치가 있다. 만약 어떤 상품에 사용가치가 없다면, 다시 말해 전혀 쓸모가 없다면 시장에서 절대 팔리지 않는다. 나는 최근에 강의를 많이 해서 목 상태가 안 좋아 가래가 많이 생기는데, 그 가래를 팔려고 해봐야 전혀 안 팔릴 것이다. 내 가래는 쓸모가 없으니까.

그렇다면 과연 쓸모만 있다면 무엇이든 상품이 될 수 있는가? 공기는 사용가치, 그러니까 쓸모가 대단하다. 공기가 없다면 우리 모두는 몇 분도 버티지 못하고 사망한다. 하지만 공기를 사고팔지는 않는다. 엄청난 사용가치가 있는 공기는 왜 상품이 되지 못할까?

공기는 사용가치는 있지만 교환가치가 없기 때문이다. 그렇다면 도대체 교환가치는 상품의 어떤 속성을 나타내는 개념일까? '교환'이라는 단어에 주목하자. 상품 교환이 주로 이루어지는 곳은 시장이다. 물물교환을 하든 화폐를 매개물로 이용하든, 시장이라는 공간은 수많은 상품이 몰려들어 복잡하게 교환되는 시공간이다.

마르크스는 시장에서 상품이 교환되는 궁극적인 원인은 '노동'에 있다고 생각했다. 예컨대 TV와 스마트폰이 시장에서 교환된다면, TV를 만든 사람의 노동과 스마트폰을 만든 사람의 노동이 서로 맞교환된다는 것이다. 일종의 품앗이인 셈인데, 상품이 교환되는 과정에서 자신과 타인의 노동이 교환된다는 의미다.

직장인이 회사에서 노동하고 월급을 받아 마트에 가서 그 돈으로 원하는 상품을 사는 행위도 본질적으로는 화폐를 매개로 수많은 사람의 노동이 복잡하게 맞교환되는 것으로 볼 수 있다. 우리가 마트에서 구매하는 상품들을 보면 그 모든 것이 누군가가 노동하지 않고서는 존재할 수 없는 것들 아닌가. 결국, 내가 회사에서 행한 노동의 결과물과 다른 사람의 노동의 결과물이 화폐를 매개물로 복잡하게 교환되고 있는 것이 자본주의 사회의 모습이다.

요컨대 교환가치라는 개념은 상품이 '노동의 결과물'이어야 한다는 의미를 담고 있다. 상품이 시장에서 교환된다는 의미는 각각의 상품을 만들기 위해 투입된 노동이 교환되는 것이며, 뒤집어 얘기하면 노동의 결과물이 아닌 것은 교환가치가 없기 때문에 상품이 될 수 없다는 뜻이다. 공기는 쓸모는 있지만, 노동의 결과물이 아니기 때문에 상품이 되지 못한다. 열심히 노동해서 만든 상품을 아무 수고도 하지 않고 얻을 수 있는 공기와 바꿀 이유가 없기 때문이다. 공기는 사용가치는 있으나 교환가치가 없어 상품이 될 수 없는 것이다.

반대로 노동의 결과물이지만 쓸모가 없어서 상품이 되지 못하는 것도 있다. 내가 집에 있는 책을 열심히 조각조각 찢어놓았다고 치자. 그 종이 쪼가리들은 분명 노동의 결과물이지만 지식과 정보를 전달할 수 있는 쓸모(사용가치)가 없어져 상품으로서의 자격을 상실한다.

요컨대 재화나 용역이 상품이 되기 위해서는 쓸모가 있어야 하며

동시에 그것이 노동의 결과물이어야 한다는 얘기다. 상품의 이런 속성을 마르크스는 사용가치와 교환가치라는 개념으로 정리했다.

# 상품의
# 교환비율을
# 결정하는 것


앞서, 상품의 속성에는 사용가치와 교환가치가 있다고 했다. 그렇다면 좀 더 구체적으로 들어가서 시장에서 상품이 교환되는 비율, 그러니까 우리가 보통 가격이라고 부르는 것은 어떻게 결정되는 것인지 생각해보자.

대개 수요와 공급의 변화에 따라서 상품의 가격이 결정된다고 알고 있다. 그런데 과연 그것만으로 가격을 명쾌하게 설명할 수 있을까? 아무리 고급 승용차의 공급이 많고 수요가 적더라도 가격이 500원으로 떨어지지는 않는다. 고급 승용차의 가격은 수천만원이라는 가격을 중심점으로 해서 오르내린다. 반대로, 아무리 볼펜의 공급이 적고 수요가 폭증하더라도 평범한 볼펜이 1000만원이 되지는 않는다. 볼펜의 가격은 500원을 중심으로 움직일 뿐이다. 수요와 공급의 변화만으로는 해당 상품의 중심가격을 설명할 수 없다.

마르크스는 시장에서 상품이 교환되는 양적 비율(가격)을 결정하는 핵심적인 요소는 그 상품을 생산하는 데 '사회적으로 필요한 노동시간'이라고 보았다. 사실 직관적으로 생각해보아도 충분히 수긍할 수 있는 것이, 자동차나 집처럼 가격이 비싼 물건들은 일반적으로 만드는 데 시간이 오래 걸린다. 만약 자동차나 집을 만드는 데 몇 분밖에 안 걸린다면 그렇게 비싼 돈을 주고 살 사람은 없을 것이다. 반면에 금세 만들 수 있는 상품들은 상대적으로 싸다. 종이컵 같은 것을 보면 쉽게 알 수 있다.

구체적인 수치를 통해 확인해보자. 예컨대 TV 1대를 만드는 데 150노동시간이 걸리고 티셔츠 1벌을 만드는 데 3노동시간이 걸린다고 가정하자. 이 두 상품이 시장에서 교환될 때 시간이라는 관점에서 등가교환이 되려면 다음과 같은 비율로 교환되어야 할 것이다.


**TV 1대 (150노동시간) = 티셔츠 50벌**
**(3노동시간 × 50벌 = 150노동시간)**


이렇게 마르크스는 상품이 시장에서 교환되는 비율을 결정하는 핵심적인 요소를 해당 상품을 만드는 데 '사회적으로 필요한 노동시간'이라고 보았다. 그런데 그냥 편하게 '노동시간'이라고 하면 될 것을 왜 거추장스럽게 '사회적으로 필요한 노동시간'이라고 길게 수식어를 붙였을까?

중요한 이유가 있다. 내가 TV를 만드는 초짜 기술자라고 하자. 평균적인 숙련도의 노동자는 TV를 만드는 데 평균 150시간이 걸리지만 나는 숙련도가 떨어지다 보니 300시간이 걸렸다. 이 TV는 남들보다 시간을 두 배 들여 만들었으니 시장에서 두 배 가격으로 팔면 어떨까? 안 팔린다. 내가 설사 두 배의 시간을 들여 만들었더라도 이미 형성된 시장가격으로 판매할 수밖에 없다. 시장가격이 그렇게 형성되어 있기 때문이다. 숙련도가 낮은 300시간 노동은 사회적으로는 150노동시간이라는 평가를 받는 것이다.

반대로, 내가 숙련도가 높고 손이 빨라서 만드는 데 평균 150시간 걸리는 TV를 절반인 75시간 만에 만들었다. 그렇다고 해서 내가 만든 TV가 시장에서 절반 가격으로 판매되지는 않는다. 역시 이미 형성된 시장가격으로 판매된다. 숙련도 높은 내 75시간 노동은 사회적으로는 두 배인 150노동시간으로 인정받은 것이다.

'사회적으로 필요한 노동시간'이라는 표현은 사회적으로 평균적인 숙련도, 평균적인 노동강도, 평균적인 생산력 수준을 가정했을 때 어느 정도의 시간이 소요되는지를 의미한다. 이 때문에 《자본론》에서는 어떤 상품을 만들 때 걸리는 시간을 얘기할 때 '노동시간'과 '시간'이라는 단어를 구분해서 사용한다. 노동시간이라는 표현에는 평균적인 노동강도·숙련도·생산력을 가정했을 때 걸리는 시간이라는 의미가 내포되어 있기 때문이다.

예를 들어 TV 1대를 만드는 데 '사회적으로 필요한 노동시간'이 150노동시간이며 티셔츠 1벌에는 3노동시간이 소요된다면, 다음과 같은 식으로 표현할 수 있다.

**TV 1대의 교환가치 = 150노동시간**

**티셔츠 1벌의 교환가치 = 3노동시간**

우리가 일상에서 사용하는 화폐 단위는 각 상품의 교환가치를 추상적인 숫자의 비율로 표현한 것으로 이해할 수 있다. 예컨대 1만원으로 구매한 상품의 교환가치가 1노동시간이라면, 5만원짜리 상품의 교환가치는 5노동시간이라는 얘기다.

지금까지의 내용을 정리해보자.

'상품에는 사용가치와 교환가치가 있다. 사용가치는 상품이 쓸모가 있다는 것을 의미하고, 교환가치는 상품이 노동의 결과물이어야 한다는 것을 의미한다. 상품의 교환비율은 해당 상품을 만드는 데 사회적으로 필요한 노동시간에 따라 결정된다.'

우선은 이 정도만 기억해두면 다음 내용으로 나아가는 데 전혀 문제가 없다.

# 돈과
# 자본의
# 차이

① 상품이란 무엇인가?

**② 돈과 자본의 차이는 무엇인가?**

③ 이윤은 어디에서 나오는가?

①의 내용은 어느 정도 다뤘으니 이제 ②의 내용인 '돈'과 '자본'의 차이에 대해 얘기해보자. 일반적으로 그냥 돈이 좀 많으면 자본이라고 여기는 것 같다. 100원을 자본이라고 부르기는 어색하지만 10억원은 자본이라고 불러도 자연스러우니 말이다. 하지만 《자본론》에서는 돈과 자본이라는 단어를 명확하게 구분해서 사용한다. 우선 새로운 식 하나를 살펴보자.

C(상품) — M(돈) — C(상품)

여기서 C는 Commodity(상품)의 영문 첫 글자이며, M은 Money(화폐)의 영문 첫 글자다.

도대체 이 식은 무엇을 의미하는가? 내가 옷을 만들어 판매하는 사람이라고 가정하자. 시장에서 옷이 필요한 사람과 만나 거래가 성사되면 나는 상대방에게 옷을 넘기고 반대급부로 돈을 받는다. 나는 이 돈으로 와인을 사려고 와인 매장에 간다. 와인 매장에서 원하는 와인을 고른 후 매장 직원에게 돈을 건네면 거래가 성사된다. 이 일련의 거래를 앞서 소개한 식으로 표현하면 이렇다.

C(옷) — M(돈) — C(와인)

옷과 와인은 상품이니까 C로 표기했고, 돈은 화폐니까 M으로 표기했다. 사실 C—M—C라는 식은 이런 일련의 거래과정을 단순하게 식으로 표현한 것이다. 뭐 대단한 것을 기대했다면 실망했을지도 모르겠다.

그런데 지금부터 대한민국에서 화폐가 모두 사라졌다고 가정하자. 그러면 우리는 어떻게 거래해야 할까? 믿고 사용할 수 있는 중간 매개물로서의 화폐가 존재하지 않으니, 옷을 직접 들고 와인 매장에 가서 와인과 바꾸는 물물교환을 해야 한다. 그런데 와인 매장에서 내가 만든 옷이 필요 없다고 하면? 무엇이 필요하냐고 물어봐야 할 것이다. 만약 상황버섯이 필요하다고 한다면, 옷을 들고 버섯 매장에 가서 문의해야 한다. '와인을 사려는데 그쪽에서 제가 만든 옷이 필요 없다고 하더군요. 그래서 무엇이 필요하냐고 물었더니 상황버섯이 필요하다네요. 그래서 왔어요. 이 옷을 드릴 테니 저에게 상황버섯을 주세요.' 그런데 상황버섯 상점에서도 옷이 필요 없다고 한다면?

이런 방식으로는 거래도 제대로 이루어질 수 없고 경제도 원활하게 굴러가지 못한다. 때문에 사회가 분업화되고 물자가 다양해지면 화폐는 '필연적'으로 발생한다. 화폐가 사용되면서 거래가 수월해졌다. 나는 이제 옷을 시장에 들고 나가서 원하는 사람에게 돈을 받고 판매한 뒤, 그 돈으로 와인 매장에 가서 와인을 구매하면 된다. 금을 화폐로 이용하고 있다고 가정하면 아래 식처럼 거래가 이루어진다.

C(옷 1벌) － M(금 10그램) － C(와인 2병)

이제 주목하자. 지금까지의 예시에서는 돈이 그저 C-M-C라는 일련의 교환과정에서 매개수단으로만 사용되었다. 일반적인 화폐의 사용방식이기도한데, 이렇게 단순히 돈이 거래의 매개수단으로서만 기능할 때는 그 돈을 '자본'이라고 부르지 않는다. 그저 '돈'일 뿐이다. 그렇다면 우리는 어떤 경우에 돈을 '자본'이라고 부를까?

# 자본의
# 일반공식

M(화폐) — C(상품) — M′(화폐)

이 식을 '자본의 일반공식'이라고 부른다. 앞서 돈이 단순히 거래의 매개물 역할만 할 때는 C—M—C라는 식으로 일련의 교환과정을 표시했다. 그런데 자본의 일반공식을 보면 순서가 바뀌어 M-C-M′이 됐다. 게다가 마지막에 있는 M에는 ′(프라임)이 붙어 있다. 구체적으로 무엇이 바뀐 것일까?

예를 들어 설명해보자. 나는 가내수공업으로 옷을 만들어서 판매하는데, 어느 날 내가 만든 옷이 날개 돋친 듯 팔리기 시작한다. 더이상 집에서 손수 제작하는 수준으로는 감당할 수 없는 주문이 들어오면 어떻게 대처해야 할까? 그렇다, 이참에 회사를 차리자. 그동안 옷을 팔아 모은 돈과 대출금을 합하니 작은 회사를 차릴 수 있는 종잣돈을 마련할 수 있었다. 이 종잣돈이 바로 자본의 일반공식 M-C-M'의 맨 왼쪽에 등장하는 M이다.

종잣돈으로 사무실도 임대하고 원료와 기계도 사다 놓고 노동자도 고용해서 회사를 차렸다. 이제 회사를 열심히 운영하면, 종잣돈은 생산과정을 거쳐 내다 팔 상품인 옷으로 바뀐다. 내다 팔 상품인 옷이 M-C-M'의 가운데에 있는 C이다. 생산한 옷을 시장에 내다 팔면 판매대금으로 돈을 벌게 되는데, 이 벌어들인 돈이 바로 M-C-M'의 맨 오른쪽에 나오는 M'이다.

**M(목돈) - C(옷) - M'(판매대금)**

M-C-M' 식이 나타내는 일련의 과정을 살펴보면 종잣돈이 생산과정에서 옷으로 모습이 바뀌었다가 판매과정을 거쳐 다시 처음의 형태인 돈으로 돌아온다. 이렇게 원래대로 돈의 모습으로 돌아올 것이라면 무엇하러 번거롭게 중간에 옷으로 바뀌었다가 다시 돈으로 돌아오는 과정을 거칠까? 일련의 과정을 거쳐나가면 처음보다 돈이 불어나기 때문이다. 자본의 일반공식 마지막에 나오는 M'에서 '은 바로 돈이 불어났다는 것을 나타내는 표시다.

**M — C — M′(=M+m): m은 처음보다 늘어난 화폐량**

이렇게 불어난 돈 m을 '이윤'이라고 부른다. 사업이 정상적으로 잘되어서 이윤이 나면 사업가 입장에서는 당연히 기분이 좋을 수밖에 없다. 옷이 잘 팔리고 있으니 물 들어올 때 노 젓는 기분으로 벌어들인 이윤을 옷 만드는 데 다시 투자한다. 그러면 이전보다 더 많은 옷을 만들 수 있고 이것을 내다 팔아 더 많은 이윤을 벌어들일 수 있다. 이 과정을 끊임없이 반복하면 처음 사업을 시작할 때 투자한 종잣돈의 크기가 지속적으로 커진다. 일련의 과정을 식으로 표현하면 다음과 같다.

M — C — M′ — C′ — M″ — C″ — M‴ — C‴ — M‴′…

M에 붙은 ′ 개수가 늘어나는 것은 돈이 지속적으로 불어나는 과정을 표현한 것이다. 이렇게 돈이 이윤을 먹으며 자신의 크기를 불리는 과정에 들어가 운동하게 됐을 때, 비로소 돈이 '자본'이 됐다고 한다. 이 과정에서 돈은 단순한 거래의 '수단'에서 경제활동의 궁극적 '목적'으로 그 위상과 지위가 격상된다. M-C-M′ 과정을 끊임없이 반복하는 궁극적인 목적은 순전히 이윤을 벌어들여 돈의 덩치를 키우기 위해서이기 때문이다.

# 자본가가
# 부자가 되는
# 비밀

앞서 얘기했듯이 M-C-M′의 과정을 거쳐나가면서 돈의 덩치가 커지는 이유는 이윤을 먹기 때문인데, 그렇다면 그 '이윤'이라는 놈은 과연 어디에서 나오는 걸까? 이 내용이 바로 《자본론》의 핵심 중에서도 핵심이다.

보통 이윤은 물건을 사고파는 '장사 행위'에서 나온다고 생각하기 쉽다. 내가 어릴 때 100원 주고 산 과자 봉지에는 "공장도가격 60원"이라는 문구가 적혀 있었다. 그 의미를 알기에는 너무 어렸던 나는 어머니한테 공장도가격의 의미를 물었다. 어머니의 얘기인즉슨, 가게 아줌마가 해당 과자를 공장에서 60원에 사와서 나한테 100원에 팔고 있다는 것이었다. 설명을 듣고 어린 마음에 적지 않은 충격을 받았다. 사회 경험이 일천한 어린이 입장에서는, 가게 아줌마가

어머니의 얘기인즉슨, 가게 아줌마가 해당 과자를
공장에서 60원에 사와서 나한테 100원에 팔고 있다는
것이었다. 설명을 듣고 어린 마음에 적지 않은
충격을 받았다.

나한테 사기를 치는 것처럼 느껴졌기 때문이다. 만약 학급 친구가 지우개를 어디선가 50원에 사와서 나한테 100원에 팔았다면 무척 배신감을 느꼈을 테니 말이다.

그렇게 순진해빠진 아이가 성장하면서 이런저런 경험을 통해 세상물정을 조금씩 깨닫기 시작했다. 결국, 돈을 번다는 것의 본질은 결국 뭔가를 싸게 떼어와서 비싸게 파는 행위에 있는 것 아닌가 하는 결론에 다다르게 됐다. 동대문 시장에서 옷을 파는 사람들도 자신이 떼어온 가격에 판매하지 않는다. 원가에 이윤을 붙여서 판매한다. 제조업을 보더라도 원료 · 기계 구매비용, 그리고 노동자를 고용하는 인건비 등의 원가에 이윤이라는 명목으로 돈을 조금 더 붙여서 생산품을 판매한다. 그렇게 따져보니 이윤은 본질적으로 물건을 싸게 떼어와서 비싸게 파는 상거래 행위에서 나온다고 생각할 수밖에 없었다.

그런데 《자본론》을 읽고 공부하면서 단순하지만 중요한 사실 하나를 깨달았다. 순수한 상거래 행위, 그러니까 뭔가를 싸게 떼어와서 돈을 붙여 비싸게 파는 행위만으로는 본질적으로 '순수한 형태의 이윤'이 발생할 수 없다는 사실이다. 무슨 얘기인지 의아할 것이다. 이어지는 설명을 들으면 어렵지 않게 이해할 수 있다. 우선 자본의 일반공식을 다시 한번 살펴보자.

M(100만원) — C(컴퓨터) — M′(120만원)

내가 수중에 100만원이 있었는데 그 돈으로 100만원짜리 컴퓨터를 구매한 후 누군가에게 120만원에 판매한 상황을 표현한 식이다. 일련의 과정을 통해 나는 20만원을 벌었다. 그런데 여기서 간과해서는 안 될 중요한 내용이 있다. 내가 이런 방식으로 20만원을 벌기 위해서는 거래의 상대방이 존재해야 한다는 점이다. 너무나 당연하게도 누군가 나한테 120만원을 주고 100만원짜리 컴퓨터를 구입해야 나는 20만원을 벌 수 있다.

그렇다면 나와 거래의 상대방이 함께 소속된 공동체 전체 차원에서 봤을 때는 이 거래가 어떤 의미를 가질까? 나는 상거래 과정에서 20만원을 벌었지만, 상대방은 120만원을 주고 100만원짜리 컴퓨터를 들고 갔으니 20만원을 손해 본 셈이다. 한쪽은 +20만원이고 다른 쪽은 −20만원이니 합치면 결과는 0이다. 나와 상대방이 소속된 공동체 전체 차원에서는 '새로 창출된 가치'나 '순전한 형태의 이윤'이 존재하지 않는다.

상품들 사이에 교환(물물교환이든 화폐를 매개로 하든 상관없이)이 이루어지는 과정을 유통과정이라고 부른다. 이 유통과정과는 구별되는 '생산과정'이 있다. 생산과정은 말 그대로 원료, 기계 등을 이용해서 노동자가 상품을 만드는 과정이다.

앞서 설명했듯 물건을 서로 교환하기만 하는 유통과정에서는 순수한 형태의 이윤이 발생할 수 없다. 머릿속 사고실험을 통해서도 쉽게 알 수 있는데, 예를 들어 우리나라 모든 국민이 앞으로 1년 동안 각자가 소유한 물건을 다른 사람과 교환만 한다고 가정하자. 우리 집에 있는 것을 저 집에 놓고, 저 집에 있는 것을 우리 집에 놓는 식으로 말이다. 이 과정에서 재산의 소유권이나 위치는 바뀌겠으나, 우리나라 영토 안에서 뭔가 새롭게 창출되는 가치는 없다. 농부는 농사를 짓지 않을 테니 새 쌀이 나올 리 없고, 건설 노동자 역시 일을 안 하니 새로운 건물이 들어설 수도 없다. 그런 이유로 유통과정에서는 순수한 형태의 이윤이 도저히 발생할 수 없는 것이다.

그런데 실제 경제를 살펴보면 우리나라도 그렇고 여타 국가도 그렇고 매년 GDP(국내총생산)가 올라가는 것을 볼 수 있다. 생산 및 영업활동이 정상적으로 이루어지는 경우, 기업이나 해당 업종의 평균 이윤율은 0%가 아니라, 7%니 10%니 하는 적정 수준의 수치를 기록한다. 앞서 설명했듯 이윤이 물건을 사고파는 유통과정에서 발생하지 않는다면 도대체 어디에서 나오는 걸까? 자본가가 기업을 운영하면서 부자가 되는 이유는 원자재비용이나 인건비를 제외한 일체의 이윤을 자신의 몫으로 가져가기 때문이다. 이윤이 어디서 나오는지 알아낸다면, 자본가가 어떻게 부자가 되는지 그 비밀을 알 수 있을 것이다. 이제 본격적으로 그 내밀한 영역으로 들어가보자.

# 이윤은
# 어디에서
# 오는가


① 상품이란 무엇인가?

② 돈과 자본의 차이는 무엇인가?

**③ 이윤은 어디에서 나오는가?**


①과 ②의 내용을 다루었으니 이제 본격적으로 《자본론》의 핵심인 ③의 내용을 다룬다. 과연 이윤은 어디에서 나오는 걸까? 순수한 형태의 이윤은 단순히 상품을 교환하는 과정에서는 발생할 수 없다는 점을 앞서 설명했다. 이윤이 발생하는 근원을 파악하기 위해서는 생산과정을 들여다봐야 한다. 생산과정을 들여다보기 위해서 자본의 일반공식 M-C-M′을 다음과 같이 확장한다.

$$M - C(LP,\ MP) - P - C' - M'$$

자본의 일반공식 $M - C - M'$에서 가운데 부분이 C(LP, MP)$-$P$-$C'으로 확장되었다. 이전 식에는 없던 생산과정을 표시하기 위해서다. 이 식이 구체적으로 어떤 상황을 의미하는지 설명하기 위해 빵공장의 예를 들어보겠다.

$$\{M - C(LP,\ MP)\} - P - C' - M'$$

$M - C(LP,\ MP)$는 초기 자본금M으로 빵 생산에 필요한 상품 $C(LP,\ MP)$을 구매하는 과정이다. 괄호 안에 있는 LP와 MP는 각각 노동력Labor Power(LP)과 생산수단Means of Production(MP)을 나타낸다. 빵공장을 운영하기 위해 초기 자본금으로 노동력(일할 사람)과 생산수단(원료와 기계 등)을 구입한다는 의미다. 이 과정에서 화폐M는 교환과정을 거쳐서 노동력과 생산수단이라는 상품C으로 형태를 바꾼다.

$$M - \{C(LP,\ MP) - P\} - C' - M'$$

P는 생산Production의 앞 글자를 딴 것으로, $C(LP,\ MP) - P$는 자본

가가 자신이 구입한 생산수단MP과 노동력LP을 활용해 빵을 본격적으로 생산하는 과정이다.

$$M - C(LP, MP) - \{P - C'\} - M'$$

P—C′는 생산과정P을 통해 새로운 상품C′으로서 빵이 생산된 상황을 나타낸다. 빵을 만드는 생산과정이 P이며, 해당 과정을 거쳐 생산된 빵이 C′다.

$$M - C(LP, MP) - P - \{C' - M'\}$$

C′—M′은 시장에서 상품C′을 판매하고 그 반대급부로 화폐M′를 취득하는 과정을 나타낸다. 빵공장의 경우로 예를 들자면, 생산과정에서 만든 빵C′을 시장에서 팔아 돈M′을 벌어들이는 것이다. 알다시피 C와 M에 각각 ′이 붙은 이유는 초기자본금M보다 가치의 크기가 증가했기 때문이다. 생산된 빵을 시장에서 팔아 이윤을 얻은 것이다.

화폐에서 시작해 M—C(LP, MP)—P—C′—M′이라는 긴 과정을 거쳐 다시 초기의 화폐 형태로 돌아왔다. 변화가 있다면 돈의 크기가 커졌다는 것. 이윤을 벌어들여서 몸집이 커진 것이다.

이제 이 식에 구체적인 숫자를 대입해보자.

# 이윤을
# 찾기 위한
# 수식

우선 계산에 필요한 몇 가지 수식을 정의한다. 계산 편의를 위해 생산과정을 단순화시키겠다. 빵을 생산하는 데는 밀가루, 제빵기계, 노동자만 필요하다고 가정한다. 노동자는 노동력LP을 제공하며, 밀가루와 제빵기계는 생산수단MP 역할을 한다.

[수식1]  밀가루 1kg = 1노동시간
　　　　(빵 1개에 필요한 밀가루의 양: 1kg)

[수식2]  제빵기계 1대 = 10,000노동시간
　　　　(제빵기계의 수명: 빵 10,000개 생산)

[수식3]  노동자의 일당(8시간 노동) = 빵 1개
　　　　(생산성: 노동자 1명이 8시간 동안 빵 8개 생산)

**[수식4]  1노동시간 = 10,000원**


각 수식의 의미를 짚어보자.


**[수식1]  밀가루 1kg = 1노동시간**


밀가루 1kg이라는 상품이 1노동시간의 교환가치를 가진다는 의미다. 풀어서 얘기하면 밀가루 1kg을 생산하는 데 사회적으로 필요한 노동시간이 1노동시간이라는 뜻이다. 그런데 이 수식의 의미를 단순하게 1kg의 밀을 가루로 만드는 데 1노동시간이 걸린다는 뜻으로 오해하면 안 된다. 밀가루라는 최종상품이 만들어지는 과정을 처음부터 끝까지 추적해보면 다양한 방식으로 노동시간이 투입된다는 것을 알 수 있다.

이를테면 밀 씨앗 뿌릴 때도 시간이 걸리고, 잡초 뽑는 데도 시간이 걸리고, 퇴비 주는 데도 시간이 걸리고, 추수하는 데도 시간이 걸리고, 탈곡하는 데도 시간이 걸리고, 낟알을 빻아서 가루로 만드는 데도 시간이 걸린다. 이 모든 시간을 다 더한 후, 밀가루 최종생산량으로 나눠보니 평균적으로 밀가루 1kg당 1시간이 걸린 셈이라는 의미다.

**[수식2]  제빵기계 1대 = 10,000노동시간**
    **(제빵기계의 수명: 빵 10,000개 생산)**

제빵기계 1대를 생산하는 데 10,000노동시간이 걸린다는 의미다. 제빵기계에는 수명이 있어서 생산과정에서 빵 10,000개를 생산하면 노후화되어서 폐기처분한다.

**[수식3]  노동자의 일당(8시간 노동) = 빵 1개**
    **(생산성: 노동자 1명이 8시간 동안 빵 8개 생산)**

노동자가 출근해서 하루 8시간 일하고 빵 1개를 일당으로 받아간다는 의미다. 생산성에 대한 언급도 있는데, 노동자가 하루 8시간 일하면서 빵을 8개 만든다는 얘기다. 1시간에 1개 만드는 꼴이다.

**[수식4]  1노동시간 = 10,000원**

화폐단위 10,000원은 1노동시간의 교환가치를 의미한다는 수식이다. 예컨대 10만원짜리 헤드폰은 그것을 만드는 데 사회적으로 필요한 노동시간이 10노동시간이라는 뜻이다.

# 빵 8개의
# 교환가치

나는 오늘부터 빵공장에 취직해서 일한다.

> [수식3]　노동자의 일당(8시간 노동) = 빵 1개
>
> 　　　　(생산성: 노동자 1명이 8시간 동안 빵 8개 생산)

[수식3]에 의하면 나는 출근해서 하루에 8시간 일하며 빵 8개를 생산한다. 그 상황을 아래와 같이 식에 표시할 수 있다. 생산된 빵 8개는 식에서 C′에 해당하니 그 밑에 적어놓는다.

$$M - C(LP, MP) - P - \underset{\text{빵 8개}}{C'} - M'$$

이제 오늘 출근해서 생산한 빵 8개의 교환가치를 계산하겠다. 알다시피 특정 상품의 교환가치는 그것을 만드는 데 사회적으로 필요한 노동시간을 계산하면 된다. 하루에 8시간 일하면서 빵 8개를 만들었으니, 빵 8개의 교환가치는 8노동시간이라고 생각하는 사람들이 벌써 보인다.

### 빵 8개의 교환가치 = 8노동시간?(☹ 틀렸다!!)

결론부터 얘기하면 틀렸다. 빵을 생산하기 위해서는 노동자뿐만 아니라 밀가루도 필요하고 제빵기계도 사용해야 하는데, 그런 요소들이 생산에 기여한 만큼을 노동시간으로 환산해서 더해줘야 하기 때문이다. 생산에 투입된 요소들을 고려하여 식을 다음과 같이 쓴다.

### 빵 8개의 교환가치 = 밀가루( ) + 제빵기계( ) + 노동력( )

이제 각 요소들이 생산에 기여한 만큼을 노동시간으로 환산해 괄호 안을 채워 넣겠다.

우선 밀가루부터 계산하자. 노동자가 빵 8개를 만들기 위해서는 밀가루 몇 kg이 필요할까? [수식 1]을 참고하면 쉽게 알 수 있다.

[수식1]  밀가루 1kg = 1노동시간
(빵 1개에 필요한 밀가루의 양: 1kg)

빵 1개에 필요한 밀가루의 양이 1kg이니, 빵 8개 생산에 필요한 밀가루는 8kg이다. 그리고 밀가루 1kg의 교환가치는 1노동시간이 므로 밀가루 8kg의 교환가치는 8노동시간이다. 이제 다음과 같이 괄호 안을 채울 수 있다.

**빵 8개의 교환가치 = 밀가루(8) + 제빵기계(  ) + 노동력(  )**

이제 제빵기계 차례다. 그런데 생각해보니 제빵기계는 좀 만만치 않다. 밀가루는 빵 생산에 사용된 만큼만 계산하면 되는데, 제빵기 계는 빵을 만드는 과정에서 밀가루처럼 특정한 양이 소모되지 않는 다. 오늘도 내일도 기계는 자신의 자리에서 원래 모습 그대로 열심 히 돌아갈 뿐이다. 과연 어떻게 계산해야 할까? 기계의 '수명'이라는 요소를 고려하면 어렵지 않게 계산할 수 있다.

[수식2]  제빵기계 1대 = 10,000노동시간
(제빵기계의 수명: 빵 10,000개 생산)

[수식2]에서 나오듯 제빵기계 1대의 교환가치는 10,000노동시간이며 빵 10,000개를 생산하면 기계의 수명이 다한다. 결국 수명이 다한 제빵기계 1대의 교환가치 10,000노동시간은 빵 10,000개에 그대로 옮겨졌다고 볼 수 있다. 이 사실을 통해 빵 1개를 생산할 때마다 제빵기계의 교환가치가 얼마큼 이전됐는지(감가상각) 다음과 같이 계산할 수 있다.

$$\text{기계의 감가상각} = \frac{10,000\text{노동시간}}{\text{빵 } 10,000\text{개}} = 1\left(\frac{\text{노동시간}}{\text{개}}\right)$$

계산결과처럼 제빵기계는 빵 1개를 생산할 때마다 1노동시간을 빵에 옮긴다. 빵 10,000개를 생산하면 제빵기계의 교환가치인 10,000노동시간이 빵에 전부 이전되고 폐기처분되는 것이다. 빵 8개를 만들면 제빵기계의 교환가치 중에서 8노동시간이 이전된다. 이것을 식에 적용하면 다음과 같이 괄호를 채울 수 있다.

**빵 8개의 교환가치 = 밀가루(8) + 제빵기계(8) + 노동력( )**

이제 노동력만 남았다.

**[수식3]** 노동자의 일당(8시간 노동) = 빵 1개
      (생산성: 노동자 1명이 8시간 동안 빵 8개 생산)

[수식3]에 나와 있듯이 노동자는 빵 8개를 생산하기 위해서 8시간을 일한다. 이 과정에서 노동자는 생산된 빵 8개에 8노동시간의 가치를 이전한다. 이것을 식에 적용하면 다음과 같이 괄호를 채울 수 있다.

**빵 8개의 교환가치 = 밀가루(8) + 제빵기계(8) + 노동력(8)**

계산을 이어나가면 다음의 결과를 얻는다. 빵 8개의 교환가치는 24노동시간임을 알 수 있다.

**빵 8개의 교환가치 = 밀가루(8) + 제빵기계(8) + 노동력(8) = 8 × 3 = 24노동시간**

# 빼앗긴
# 시간과
# 이윤

앞서 계산한 결과를 반영하여 C′ 밑에 '24노동시간'을 적는다.

$$M - C(LP, MP) - P - C' - M'$$
빵 8개
24노동시간

생산된 빵 8개가 시장에서 정상적으로 판매되면 판매대금이 들어온다.

[수식4]  1노동시간 = 10,000원

[수식4]를 이용하면 빵 8개(24노동시간)의 판매대금은 24만원임을 알 수 있다. 아래와 같이 M′ 아래쪽에 판매대금 24만원을 적어

둔다.

$$M - C(LP, MP) - P - C' - M'$$

빵 8개     판매대금<br>24노동시간    24만원

상품 C(LP, MP)는 생산과정에 투입되는 노동력LP과 생산수단 MP이다. 생산과정에 투입되는 요소들은 구체적으로 밀가루, 제빵기계, 노동력이다. 이 요소들을 C(LP, MP)의 아래쪽에 다음과 같이 적는다.

$$M - C(LP, MP) - P - C' - M'$$

밀가루( )           빵 8개    판매대금
제빵기계( )        24노동시간   24만원
노동력( )

밀가루, 제빵기계, 노동력에 딸린 괄호에 빵 8개의 생산과정에 투입된 각 생산요소들의 교환가치를 적어 넣자. 밀가루와 제빵기계의 경우는 앞서 계산한 결과를 쉽게 반영할 수 있다. 빵 8개 생산에 필요한 밀가루는 8kg이며, 밀가루 8kg의 교환가치는 8노동시간이다. 그러므로 '밀가루(8)'이 된다. 제빵기계의 경우는 빵 1개를 생산할 때 1노동시간의 감가상각이 발생하므로, 빵 8개를 생산했을 때 8노동시간의 감가상각이 발생한다. 그러므로 빵 8개 생산에 소모된 제빵기계의 교환가치는 8노동시간이며, '제빵기계(8)'이 됨을 알 수 있

다. 이 결과를 식에 반영하면 다음과 같다.

$$M - C(LP, MP) - P - C' - M'$$

밀가루(8)                       빵 8개        판매대금
제빵기계(8)              24노동시간     24만원
노동력( )

이제 노동력의 교환가치를 계산해서 괄호를 채워보자. 주지하다시피 상품의 교환가치는 해당 상품을 만드는 데 사회적으로 필요한 노동시간이며, 상품이 시장에서 교환되는 비율(가격)은 그 노동시간에 의해 규정된다. 노동력 역시 노동시장에서 가격(임금)이 매겨져 거래되는 상품이다. 노동자는 임금으로 기본적인 의식주를 해결하며 노동력이라는 상품을 유지 및 재생산한다. 그러므로 결국 노동력이라는 상품이 유지 및 재생산되는 데 사회적으로 필요한 노동시간(결국 임금)이 노동력의 교환가치다. 거칠게 얘기하자면 내가 받은 임금이 내 노동력의 가치라는 의미다.

[수식3] **노동자의 일당(8시간 노동) = 빵 1개**
　　　**(생산성: 노동자 1명이 8시간 동안 빵 8개 생산)**

[수식3]에서 노동자의 일당은 빵 1개로 가정했다. 나의 하루 근로 제공이라는 상품의 교환가치는 빵 1개라는 의미다. 그렇다면 빵

1개의 교환가치는 얼마일까? 앞서 빵 8개의 교환가치를 계산한 식의 양변을 8로 나누면, 빵 1개의 교환가치가 3노동시간이라는 것을 쉽게 알 수 있다.

**빵 8개의 교환가치 = 밀가루(8) + 제빵기계(8) + 노동력(8) = 8 × 3 = 24노동시간**

(양변을 8로 나누면)

**빵 1개의 교환가치 = 밀가루(1) + 제빵기계(1) + 노동력(1) = 3노동시간**

이 결과를 식에 반영하면 아래와 같다.

$$M - C(LP, MP) - P - C' - M'$$

밀가루(8)　　　빵 8개　　판매대금
제빵기계(8)　　24노동시간　　24만원
노동력(3)
19노동시간

밀가루, 제빵기계, 노동력의 교환가치를 모두 합하면 8 + 8 + 3 = 19노동시간이 된다. 빵 8개를 생산하기 위해 투입된 생산요소들의 교환가치를 모두 합하면 19노동시간이라는 의미다. 그것을 C(LP,

MP)의 아래에 적어두었다.


　1노동시간이 1만원이라는 [수식4]의 가정을 적용하면, 빵 8개 생산에 투입한 생산요소의 교환가치 19노동시간은 19만원에 해당함을 알 수 있다. 다시 말해 자본금 19만원으로 밀가루 8만원어치, 기계의 감가상각분 8만원어치, 그리고 노동자 일당 3만원(빵 1개)을 지급한 것이다. 식에서 자본가의 투자금에 해당하는 M 밑에 아래와 같이 19만원을 적는다.

$$\text{M} - \text{C(LP, MP)} - \text{P} - \text{C}' - \text{M}'$$

| 자본금 | 밀가루(8) | | 빵 8개 | 판매대금 |
|---|---|---|---|---|
| 19만원 | 제빵기계(8) | | 24노동시간 | 24만원 |
| | 노동력(3) | | | |
| | 19노동시간 | | | |

　자! 보다시피 19만원(M)에서 출발한 돈이 24만원(M′)이 됐다. 5만원이 늘었는데, 이 증가분이 바로 자본가가 가져가는 이윤이 된다. 그러면 이윤은 도대체 어디서 나온 걸까? 눈치 빠른 사람은 이미 알아챘겠지만, 밀가루와 제빵기계에서는 이윤이 발생할 수 없다. 생산과정에서 자신의 가치가 변하지 않고 그대로 빵에 이전되기 때문이다.

　이윤은 노동력에서 나올 수밖에 없다. 노동자는 일당으로 빵 1개를 받고 하루에 8시간을 노동한다. 이 과정에서 자신이 만든 빵 8개에 8노동시간의 교환가치를 추가한다. 노동자가 빵에 추가한 8노동시간에서 그가 일당으로 받은 빵 1개(3노동시간)를 빼면 얼마가 나오는가? 바로 5노동시간이 나온다. 화폐로 따지면 5만원. 바로 이것이 이윤이 되는 것이다.

툭 까놓고 얘기하면, 하루 8시간을 일하고서 3시간에 해당하는 부분만 임금으로 받았다는 얘기다. 결국 노동자는 자본가에게 5시간을 빼앗긴 셈인데, 바로 이 빼앗긴 5시간에서 이윤(5만원)이 나온다. 이런 상황을 명쾌하게 표현하는 단어가 있으니, 바로 '착취'다.

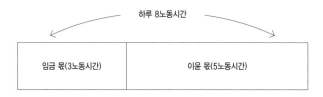

# 자본주의의
# 작동원리

빵공장에서 1000명의 노동자가 이런 근로조건에서 일하는 상황을 떠올려보자. 그 회사의 자본가 입장에서는 1000명이 하루에 다섯 시간씩 자신을 위해 일하고 있는 셈이다. 계산하면 하루에 무려 5000시간이다. 누군가 나를 위해 하루에 5000시간씩 일을 해주는데 어떻게 부자가 되지 않을 수 있겠는가(물론 생산된 빵이 팔리지 않는다면 모두 허사겠지만). 임직원 10만 명을 거느린 재벌 총수의 상황은 어떨까? 임직원 10만 명에게서 하루에 한 시간씩만 빼앗아도 무려 10만 시간에 달한다. 누군가 나를 위해 하루에 10만 시간씩 일하고 있는데 어떻게 재벌이 되지 않을 수 있겠나.

따지고 보면 노예 주인도 노예한테 시간을 빼앗고, 봉건 영주도 농노에게 시간을 빼앗는 것이다. 조선시대의 왕이 어떻게 거대한 경복궁에서 기거할 수 있었겠는가? 백성들이 부역으로 동원되어 경복궁 건설에 자신의 시간을 바쳤기 때문이다. 왕이 경복궁을 자신의 거처로 삼는 것은 백성들의 시간을 빼앗는 행위나 마찬가지다. 마찬가지로 자본주의 사회에서는 자본가가 노동자의 시간을 빼앗아 부자가 된다는 것이 《자본론》의 분석이다.

때문에 《자본론》에서는, 임금은 노동의 대가가 아니라고 얘기한다. 임금은 노동의 대가가 아니라 '노동력의 대가'라고 분명하게 구분한다. '노동력의 대가'란 노동력(일할 능력)이 유지될 수 있는 수준의 임금을 받는다는 의미다. 만약 임금이 노동의 대가라면 빵 8개를 만든 노동자는 3만원이 아니라 8만원을 받아야 할 것이다. 그런데 현실에서 그렇게 임금을 주면 자본가 입장에서는 이윤이 나지 않는다. 이윤이 나지 않으면 회사를 운영할 이유가 없으며, 이런 상황에서는 자본주의 시스템이 제대로 돌아갈 수 없다. 요컨대 자본주의 시스템이 제대로 작동하기 위해서는 '착취가 필수'라는 의미다.

물론 처음에 임의로 가정한 수식의 숫자를 바꾸면 계산결과도 바뀔 것이다. 그렇더라도 자본주의가 착취구조라는 결과 자체는 바뀌지 않는다. 마르크스는 기본적으로 특정 상품이 갖는 가치는 그것을 생산하는 데 필요한 노동시간에 의해서 형성된다고 보았다. 생산과정에서 노동하지 않는 자본가가 이런 조건 속에서 가치의 일부를 (이윤이라는 딱지를 붙여) 가져가기 위해서는, 결국 노동자의 시간을 빼앗는 방법밖에 없다. 가치는 오직 노동에서 나온다고 가정했기 때문이다(여기서 노동의 의미는, 육체노동만이 아니라 정신노동도 포함된다).

자본가도 관리, 기획 등의 일을 하며 그런 경영노동의 대가로 이윤을 가져가는 것 아니냐는 문제제기가 있을 수 있다. 과연 그럴까? 최근에는 기업의 소유주와 경영자가 일치하지 않는 경우가 많다. 기업의 소유주가 전문경영인을 고용해서 관리, 기획 등의 일을 맡기는 경우가 적지 않다. 만약 자본가가 이윤을 가져가는 명분이 경영노동에서 나오는 것이라면, 기업 소유주가 아니라 전문경영인이 이윤을 모두 가져가야 할 것이다. 그런데 현실은 어떤가? 고용된 전문경영인은 약속된 연봉 및 인센티브를 받을 뿐이며 이윤은 온전히 소유주의 몫이다. 그러므로 경영노동을 수행했다는 것이 이윤을 취할 명분이 되지는 못한다.

결국 자본주의 사회에서 자본가가 기업의 이윤을 전부 가져가는 명분은 '소유권'에서 나온다는 것을 알 수 있다. 한마디로 회사를 소유하고 있으니 이윤을 다 가져가겠다는 것이다. 주류 경제학에서는 자본가는 자본을 댄 대가로 '이윤'을 가져가며 노동자는 노동을 제공한 대가로 '임금'을 가져간다고 해석하는데, 이를 통해 이윤이 기업을 소유한 자본가의 몫이라는 것을 정당화한다. 하지만《자본론》의 관점에서는 자본가가 회사의 소유권을 가졌다고 해서 이윤을 다 가져가는 것이 정당화되지 않는다. 왜 그런지 차분하게 따져보자.

삼성 이재용 부회장은 왜 그렇게 부자일까? 이건희 회장의 아들이기 때문이다. 이건희 회장은 또 왜 그렇게 부자일까? 이병철 회장의 아들이기 때문이다. 그런데 이병철 회장은 처음부터 지금과 같은 부를 소유하지는 않았다.《자본론》의 관점에서 보면, 삼성 일가의 부는 삼성 창업 초기부터 생산현장에서 노동자들의 시간을 빼앗은 것이 꾸준히 축적된 결과다. 때문에 자본가가 실패의 위험을 감수하고 투자한다는 그 자본금도, 사실상 형성과정을 소급해서 따져 들어가면 과거 노동자 착취의 결과물이라는 의미다. 자본가들이 개인적으로 소유하고 있는 부도 그 생성과정을 소급해 들어가면 사실상 '사회적 부'라는 것을 알 수 있다.

노예제 사회에서는 노예를 소유한 주인이 노예가 일한 성과물을 모두 가져가는 것이 '합법'이었다. 봉건제 사회에서는 자신의 신분이 귀족이라는 이유로 토지를 대대손손 세습하면서 농노 혹은 소작인들에게 수확의 절반가량을 지대로 걷어가는 것이 '합법'이었다. 한마디로 착취가 합법적으로 이루어진 것이다. 마찬가지로 자본주의 사회는 기업의 '소유권'을 가진 사람이 이윤을 모두 가져가는 것이 '합법'으로 여겨지는 사회일 뿐이다. 그 시스템 속에서 노동자에 대한 자본가의 일상적인 착취가 발생하는 것이다. 하지만 지금은 노예제와 신분제가 시대에 뒤떨어진 낡은 것이 되었듯, 미래의 어느 시대에서는 기업의 '소유권'을 가진 사람이 이윤을 모두 가져가는 자본주의 시스템이 낡은 것이 될 수도 있다. 솔직히 자본주의 사회가 인류 역사의 종착지일 필연적인 이유는 없지 않은가.

지금까지 설명한 것이 바로 그 유명한 마르크스의 '잉여가치론'이다. 마르크스는《자본론》에서 노동자들이 생산현장에서 빼앗기는 시간을 '잉여가치'라고 불렀고, 바로 이 잉여가치야말로 자본가가 벌어들이는 이윤의 원천이라고 보았다.

# 물건이
# 아니라
# 시간을 사라

그런데 참으로 재미있는
것이, 이렇게 가장
물질주의적이고
자본주의적인 행위인
소비에서조차 '시간'이
중요하다는 연구결과가
있다는 것이다.

# 이윤을 위해
# 생산하는
# 시대

자본주의 사회에도 착취가 존재하며 그 원인이 일종의 '시간 도둑질'에 있다는 내용을 접하고 뇌에 지진이 난 사람도 있을 것이다. 나역시 《자본론》을 읽고 천지가 개벽하는 충격을 받았으며, 결국 삶전체가 뒤흔들려 생각지도 못한 인생길을 걷게 되었다. 그렇다고 독자분들에게 《자본론》의 내용은 진리이며 당신은 이 불편한 진실을 꼭 받아들여야 한다고 설파할 생각은 없다. 그런 식으로 얘기해봐야 반감만 살 것이 빤하다. 사람마다 생각하는 바가 각양각색이고 살아온 삶의 궤적이 다르기 때문에, 같은 내용을 접하더라도 그에 대한 반응은 제각각인 것이 당연지사다. 게다가 이 책의 목적은 《자본론》 탐구가 아니지 않은가. 혹여나 관련 내용에 호기심이 생겨 더 알아보고 싶다면 나의 책 《원숭이도 이해하는 자본론》을 추천하는 정도로 그치련다.

아무튼 나로서는 돈이 아닌 시간의 관점에서 개인의 삶과 사회의 문제를 바라볼 수 있는 통찰을 준 인생책이 《자본론》이다. 다니던 직장을 그만두고 과감하게 새로운 진로를 선택할 수 있는 용기를 갖게 된 것도 《자본론》을 읽고 세상을 보는 눈이 바뀐 점에 힘입은 바가 크다. 하지만 이런 경험은 '나'라는 사람에게만 국한된 지극히 개인적인 사례다. 사람의 삶이 모두 동일할 수는 없다. 직장에서 시간을 빼앗기고 있다는 《자본론》의 분석에 충격을 받았다고 해서, 사장에게 '나는 더 이상 당신에게 시간을 빼앗기지 않겠다'고 선언하고 멀쩡히 다니던 직장을 그만두는 만용을 부리지는 않을 것으로 믿는다. 그렇게 객기 부리며 호기롭게 살 수 있을 만큼 만만한 세상이 아니지 않은가. 직장 다니며 꼬박꼬박 월급 받아야 생명체의 지상과제인 생존과 번식에 차질이 생기지 않을 테고. 어쨌든 혁명이 일어나서 세상이 근본적으로 바뀌지 않을 바에야 당분간은 좋든 싫든 중력처럼 작용하는 자본주의 시스템에 어떻게든 적응해서 살 수밖에 없다.

앞서 언급했듯이, 자본주의 사회의 큰 특징 중 하나는 상품화다. 인간에게 필요한 대부분의 재화가 상품화되는 자본주의 시스템에서는 '소비'행위를 통해서만 필요한 재화 대부분을 취득할 수 있다. 때문에 더 이상의 생존과 번식을 포기한 사람이 아니라면 자본주의 사회에서 소비행위와 무관한 삶을 사는 것은 사실상 불가능하다.

재벌이 아닌 바에야 대부분의 사람들에게 있어서 상품 구매에 사용할 수 있는 화폐 보유량은 매우 한정되어 있다. 반면에 백화점, 마트, 재래시장, 인터넷에 전시되어 판매를 기다리는 상품의 종류와 수는 사실상 무한하다. 소비행위에는 그 사람의 취향이나 관심사, 선호도뿐만 아니라 욕망, 인생관, 철학까지 반영된다. 소비행위란 지극히 한정된 자원(화폐)을 활용해 무한대의 선택지(상품) 중에서 의식적으로 선택을 하는 행위인데, 누군가 어떤 상품을 선택했을 때는 나름의 근거와 이유가 있다. 그 근거와 이유의 토대가 되는 요소들, 예컨대 그 사람의 취향, 관심사, 선호도, 욕망, 인생관, 철학이 총체적이고 복합적으로 작용한 결과가 특정 상품에 대한 구매, 즉 소비행위가 되는 것이다.

자본주의 사회가 고도화되면서 생산시스템은 단순히 누군가에게 필요한 물건을 만드는 수준을 넘어서게 된다. 필요에 의한 생산이 아닌, 이윤을 위한 생산이 대세가 되면서 미디어를 통한 광고전략으로 소비행위를 자극·독려·조장하는 상징조작이 이루어진다. 해당 상품이 실제 생활에 필요하든 그렇지 않든 상관없이 어쨌든 많이 팔 수만 있다면 기업의 이윤으로 이어지기 때문이다. 때문에 미디어를 통한 전방위적 공세를 통해 사람들의 취향, 관심사, 선호도, 욕망, 인생관, 철학에 직접적으로 영향을 끼쳐, 소비야말로 최고의 미덕이며 모두가 추구해야 할 지고지선의 이데아로 여기도록 부지불식간에 세뇌한다.

그런데 참으로 재미있는 것이, 이렇게 가장 물질주의적이고 자본주의적인 행위인 소비에서조차 '시간'이 중요하다는 연구결과가 있다는 것이다.

# 체험이냐
# 소유냐

미국의 심리학자 리프 밴 보벤Leaf Van Boven과 토마스 길로비치 Thomas Gilovich는 2003년에 〈체험이냐 소유냐? 그것이 문제로다To Do or to Have? That Is the Question〉라는 제목의 논문을 발표했다. 셰 익스피어 〈햄릿〉의 유명한 대사를 연상시키는 도발적인 제목의 논 문에는 매우 흥미로운 연구결과가 담겨 있다.

연구진은 소비의 유형을 소유형 소비, 체험형 소비로 구분한다. 소유형 소비는 예컨대 구찌 가방, 페라가모 신발, 몽블랑 만년필 등 의 상품을 소유하기 위해 행하는 소비이고, 체험형 소비는 제주도 나 오키나와로 여행을 간다든지 평소에 관심이 있던 가야금을 배운 다든지 영화를 본다든지 하는 식으로 경험을 얻기 위해 행하는 소비 다. 연구진은 1279명에게 '소유형 소비와 체험형 소비 중 어느 쪽이 더 당신을 행복하게 했습니까?'라는 질문을 하며, '소유형 소비' '체험형 소비' '잘 모르겠다' '응답하지 않겠다' 이렇게 네 선택지를 제시했다.

물론 소유와 체험의 경계가 낮과 밤이 교차하는 황혼 무렵처럼 모호한 경우도 있다. 예컨대 A와 B, 두 사람이 동일한 모델의 그랜드 피아노를 구입하는 상황을 가정하자. 얼핏 생각하기에는 그랜드 피아노를 소유하기 위한 소유형 소비로 보인다. 실제 A의 경우는 피아노를 전혀 못 치지만 단순히 소유욕을 충족시키려 그랜드 피아노를 샀다. 반면 아마추어 피아니스트인 B는 좀 더 울림이 풍부한 소리를 경험하기 위해 그랜드 피아노를 샀다. 겉보기에는 A와 B 모두 소유형 소비로 보이지만 B의 구매행위는 사실상 체험형 소비로 분류할 수 있다. 연구진은 이렇게 모호한 경우에는 소비자의 구매 '의도'를 중심으로 소유와 체험을 구분했다.

대상자 1279명 중 16명이 '응답하지 않겠다'를 선택했다. 응답한 1263명을 대상으로 설문조사 결과를 정리했는데, 응답자의 57%가 체험형 소비가 자신을 더 행복하게 만들었다고 답했다. 반면에 소유형 소비를 선택한 사람은 응답자의 31%에 불과했다.

한편 논문에서는 사람들이 과거의 소비경험 중에서 소유형 소비보다 체험형 소비를 훨씬 자주 떠올리며, 소유형 소비에 비해 체험형 소비를 떠올렸을 때 더 강한 행복감을 느낀다는 연구결과를 추가로 제시했다. 생각해보면 당연한 결과다. 오랜만에 친구들과 만나서 술을 마시며 회포를 풀다가, 자신이 5년 전에 명품 브랜드의 비싼 신발을 소유했었다고 행복해하며 자랑하는 사람이 과연 얼마나 있겠는가? 혹시 친구 중에 그런 사람이 실제로 있다면, 전문가의 상담을 받아보라고 권해야 하지 않을까? 반면, 5년 전에 아내와 두 딸을 데리고 이탈리아를 일주했던 경험을 얘기한다면 어떨까? 같은 5년 전 일임에도 불구하고 이탈리아 일주 경험을 얘기할 때는 자연스럽게 입가에 미소가 머금어질 것이다. 듣는 친구들의 부러움을 한껏 사면서 말이다.

논문에서는 연구결과를 토대로 다음과 같은 결론을 내린다. 체험형 소비가 소유형 소비보다 사람을 더욱 행복하게 한다. 그런 이유로, 개인의 자원이나 공동체의 자원을 사용할 때는 체험형 소비를 진작하고 독려할 수 있는 방향으로 투자해야 한다. 그래야만 개인도, 사회도 지금보다 더욱 행복해질 수 있다.

누차 말하다시피, 체험형 소비란 내가 가진 돈으로 특정한 경험을 구매하는 행위다. 그런데 경험을 산다는 것은 결국 무엇을 사는 것일까? 그렇다. 바로 '시간'을 사는 것이다. 경험이란 결국 내 머릿속에 저장된 1분, 1초의 시간이기 때문이다. 역설적이게도 가장 물질주의적이고 자본주의적인 행위인 소비에서조차 물질보다는 시간을 사는 것이 현명한 선택이라는 결론에 이르게 된다. 물론 돈이 아주 많다면 소유형 소비와 체험형 소비 두 마리 토끼를 다 잡을 수 있을 것이다. 두말하면 잔소리다. 하지만 안타깝게도 이 책을 쓰고 있는 나는 물론이고, 읽고 있는 독자 대다수는 그런 행운(금수저)과는 인연이 멀다. 결국 우리 대다수는 한정된 자원으로 행복을 극대화해야 하는 삶의 방정식을 풀어야 하는데, 방정식 해법의 핵심열쇠가 바로 '시간'인 것이다.

그렇다. 물건이 아니라 시간을 사라.

# 전업작가
# 부부가
# 되어…

내가 운영하는 블로그의 제목은 '카드할부로 떠나는 여행'이다. 블로그 제목을 접한 분들은 뭔가 문학적이고 철학적인 분위기가 느껴진다고 하는데, 그런 얘기를 들으면 좀 민망하다. 솔직히 말하자면, '카드할부로 떠나는 여행'은 문자 의미 그대로 해석하면 된다. 우리 가족은 신용카드할부를 돌려서 여행을 다니기 때문이다. 자세한 사연을 얘기하자면 아내와 처음 만난 시절로 거슬러 올라간다.

아내는 모 일간지의 문화부 기자였는데, 당시《차베스, 미국과 맞짱뜨다》를 출간한 저자인 나를 인터뷰하면서 처음 만나게 됐다. 약속 장소는 신촌의 민들레영토였는데 당시 아내는 보라색 원피스를 입고 나왔다. 어떻게 오래전에 입었던 옷을 그렇게 구체적으로 기억하느냐고? 처음 만난 아내의 모습이 충격적으로 예뻤기 때문이다.

"미인에게 마음이 가면 상처만 돌아온다.'"

당시 30대 남성으로서 삶의 경험을 통해 체득한 금언이다. 나는 아내를 보자마자 마음속에 견고한 만리장성을 쌓았다. 상처받을 일을 만들지 않기 위한 일종의 자기방어기제였다. 저자로서 인터뷰에만 충실했으며, 인터뷰를 마쳤을 때 '그래! 인연은 여기까지'라고 마음속으로 되뇌었다.

그런데 아내는 외모가 아니라 뇌주름을 보는 여자였다. 인터뷰 때 슬쩍 엿본 내 뇌주름이 썩 괜찮았는지, 이래저래 인연이 이어져서 함께 수원 성곽도 거닐고 갈비도 구워 먹을 기회가 생겼다. 쥐구멍에도 별 들 날 있다더니, 멀쩡한 직장 때려치우고 불확실한 작가의 삶을 선택한 나에게 흔치 않은 기회가 온 것이다. 자기방어기제로 쌓았던 마음속 만리장성은 진작 허물었다. 상황이 변하면 대응도 변하기 마련. 나는 아내가 1분 이상 내 얼굴에 집중하지 못하도록 노력했다. 뇌주름 위주로 어필하면서 끊임없이 재미있는 얘기를 쏟아내어, 자칫 시각 쪽으로 쏠릴 신경을 청각 쪽으로 분산시켰다. 정적이 흐르는 가운데 상대 여성이 1분 이상 내 얼굴에만 집중하면 솔직히 일이 잘 흘러갈 리가 없지 않은가.

만난 지 2년 만에 아내에게 웨딩드레스를 입혔으니 작전은 그야말로 대성공이었다. 내 현란한 뇌주름에 일시적으로 판단력을 잃었는지, 아내는 벌이가 시원찮은 작가와의 단칸방 생활도 각오하고 결혼했다고 하더라. 수입이 간헐적이고 불안정한 작가 나부랭이와 결혼해준 아내에게 지금도 여전히 고맙고 미안한 마음이다. 하지만 당시 내 입장에서 보면 실리적으로 무척 바람직한 결혼이었다. 내 간헐적 수입과 기자인 아내의 꾸준한 수입이 어우러지니, 이 얼마나 아름다운 조화란 말인가.

그런데 막상 결혼을 하고 나니 당장 눈앞의 사랑에 취해 고려하지 못했던 문제들이 심각하게 대두되었다. 바로 가사노동과 육아노동이었다. 아내가 직장을 다니니 가사노동은 자연스럽게 내 몫이 되었는데, 아이까지 생기면 육아노동 역시 내가 전담할 것이 불을 보듯 빤했다. 성평등주의적 입장에서 봐도 가사노동과 육아노동은 남녀가 공평하게 분담해야 하지 않겠나. 남성이든 여성이든 가사와 육아가 한쪽으로 편중되면 불만이 쌓여 자칫 돌이킬 수 없는 상황이 올 수도 있다. 상황을 타개하기 위해 아무리 짱구를 굴려봐도 답은 하나였다.

'아내가 직장을 그만둬야 내가 산다.'

아내가 기자를 그만두면 꾸준한 수입이 사라질 텐데 어떡하느냐고? 가사노동과 육아노동을 부부가 공평하게 분담하기 위해서라면 꾸준한 수입을 포기할 수 있을 정도로 나는 성평등의식이 강했다(라고 얘기하면 아내가 화내겠지). 게다가 대책이 없는 것도 아니었다. 나와 아내는 결혼 2개월 전인 2009년 3월에 공동저자로《세상을 바꾼 예술 작품들》이라는 책을 출간했는데, 이 책이 상도 타고 독자 반응도 좋았다. 책을 읽은 주변 지인들의 말이, 내 글보다 아내 글이 더 재미있다는 것 아닌가. 내 글보다 아내 글 쪽이 환금성이 더 농후하다는 사실을 깨닫게 된 것이다.

당시 아내는 6년차 일간지 기자였는데, 재충전 없이 매일 기사를 쓰는 삶에 지친 상황이었다. 아내의 표현으로는 기사 쓰기가 '마른 수건을 쥐어짜는 느낌'이었다니 말 다 했지. 설상가상으로 언론계 상황도 갈수록 악화되어, 심지어 기자가 자신의 출입처에 광고영업을 해야 하는 분위기로 내몰리고 있었다. 그런 분위기에서 소신 있게 기사를 쓰는 것은 사실상 불가능했다. 아내는 이러한 언론계 상황에 좌절하고 있었다.

나는 가사 및 육아노동 분담을 위해 아내에게 전업작가의 삶을 살라고 꼬드겼다. 너 지금 얼마나 지쳤냐, 재충전이 필요하지 않냐, 나를 봐라, 니나노 인생 아니냐, 이렇게 살아보니 참 좋다, 너도 같이 니나노(작가) 하자, 내 글보다 네 글이 더 돈이 될 것 같다. 아내도 글쟁이로서 자신만의 글을 쓰고 싶은 욕구가 강했기 때문에 서로의 의견이 모여 결국 결혼 4개월 만에 직장을 그만두었다. 드디어 우리 부부는 가사노동과 육아노동을 적절하게 분담하게 되었다(라고 말하면 아내가 화내겠지). 꾸준한 벌이가 없어져서 어떡하느냐고? 둘이 동시에 간헐적으로 버는 것도 생각보다 그렇게 나쁘지 않더라.

그런데 이 얘기가 '카드할부로 떠나는 여행'과 무슨 상관이냐고?

기다려달라. 이제 본격적으로 나온다.

(사족: 혹여나 내가 아내의 경력을 단절시켰다는 오해는 말기 바란다. 아내는 작가로서 성공적인 경력을 쌓고 있으며 기자 시절보다 훨씬 잘나간다. 아내가 작가로서 경력을 쌓는 데 나도 힘닿는 대로 도왔다.)

# 카드할부로
# 다녀온
# 여행

아내가 몇 년 동안 다니던 직장을 그만두니 퇴직금이 1000만원 정도 생겼다. 결혼 4개월 만에 꾸준한 수입이 사라진 대가 치고는, 그리고 몇 년 동안 매일같이 기사를 쓴 아내의 수고에 비해서는 참으로 쏠쏠한 액수였다. 어쨌든 그 쏠쏠한 퇴직금이 당시 우리 집 경제의 안전망이자 버팀목이었다. 작가 나부랭이인 내 수입은 도대체 언제 들어올지 예측 불가능한 데다, 아내마저 새로 작가 나부랭이에 합류해 집에 들어앉으니 당장 믿을 구석이라고는 퇴직금뿐이었다. 이 돈을 최대한 가늘고 길게 사용하며 그사이에 간헐적 수입을 확보하는 게 합리적 판단일 것이다. 그런데 그것은 나만의 생각일 뿐이었다. 아내는 직장을 그만두기로 마음먹을 때부터 이미 퇴직금의 사용처를 정해두었다. 바로 유럽 여행이었다.

"내가 번 돈이니 내 맘대로 쓸래!"

아내의 유럽여행에 대한 의지는 확고했다. 충분히 이해가 가는 것이, 마른 수건 짜듯 매일 기사를 쓰던 아내에게는 수건을 흠뻑 적실 재충전이 필요했기 때문이다. 워낙 여행을 좋아해 기자 시절 해외취재를 구실로 세계 이곳저곳을 다니기도 했지만, 그것은 어디까지나 취재라는 한계가 명확했다. 기자로서의 삶을 일단락하고 작가로 새로 출발하는 마당이니, 이런저런 고려 없이 홀쩍 떠나 마음껏 자유를 발산할 기회를 갈구하는 것은 충분히 이해할 만했다.

아내가 열심히 일해서 마련한 퇴직금이니, 아무리 집안 경제의 팍팍함이 예상된다 한들, 가지 말라고 막을 명분도 염치도 없었다. 내가 그렇게 쪼잔하고 찌질한 남자는 아니기도 하고. 다만 덜컥 다녀오라고 하면 뭔가 나만 손해 보는 느낌이 들어, 누가 보아도 합리적이고 납득할 수 있는 조건을 하나 달았다.

'나를 데려가라!'

나는 그때까지 유럽을 단 한 번도 가본 적이 없었다. 나까지 가면 여행비가 두 배로 든다고? 계산해보니 그렇긴 하더라. 유럽 현지에서 아무리 알뜰하게(거지같이) 지낸다 하더라도 둘이 가면 500만원 정도의 비용은 감수해야 했다. 당시 아내 퇴직금이 은행잔고의 대부분이었는데, 그중 절반이 없어지는 셈이었다. 그래도 가야지! 배꼽 떨어지고 처음 가는 유럽 여행인데! 아내의 재충전? 그런 것은 이미

안중에도 없었다.

이때부터 우리 가족의 카드할부 여행이 시작됐다. 은행잔고에 몰려올 타격을 시기별로 분산시키면서 함께 유럽으로 떠날 수 있는 방법은, 아무리 생각해봐도 카드할부밖에 없었다. 기억이 맞는다면 대략 10개월 정도로 카드할부를 돌리지 않았나 싶다. 산술적으로 따지면 매달 50만원 정도이니, 유럽 다녀와서 흰 쌀밥에 김치, 때때로 참치캔과 김을 가미해서 버티면 어떻게든 감당할 수 있겠다는 계산이었다.

처음 떠난 유럽 여행은 너무나 인상적이었다. 학교에서 단순한 글과 조잡한 사진으로 바로크, 고딕, 로마네스크를 배운 것이 얼마나 공허한 지식인지를, 성당과 궁전, 미술관, 박물관 등을 직접 방문하면서 절감했다. 오스트리아 빈의 카를 성당(바로크)과 체코 프라하의 성 비투스 성당(고딕)을 직접 보기만 하면 누구나 바로크와 고딕의 차이를 단박에 이해할 수 있을 것이다. 보통 책에서는 이런 식으로 바로크를 설명한다. "바로크는 16세기 고전적 르네상스의 조화 · 균정均整 · 완결성 등에 대하여 경탄과 현혹眩惑을 지향하여 양감量感 · 광채 · 동감動感에… 건축에서는 거대한 양식, 곡선의 활용, 자유롭고 유연한 접합 부분 등의 특징이 나타났고, 조각 분야에서는 비상飛翔하는 동적인 자태와 다양한 복장 표현 등을 특색으로…"

유럽을 다녀오기 전에는 이 설명을 아무리 열심히 읽어도 도대체 바로크가 무엇에 쓰는 물건인지 감조차 잡을 수 없었다. 누군가 이 글을 보여주며 고딕 양식에 대한 설명이라고 사기를 쳐도 믿었을 것이다. 하지만 지금은 다르다. 오스트리아 빈의 카를 성당에서 보았던 내부의 장식과 조각상들은 위 설명에 가장 부합하는 방식으로 자신을 드러내고 있었다. 성당 안의 그림 속 인물이나 조각상들은 하나같이 고개를 살짝 들거나 눈을 위로 응시하며 극장 배우나 취할 법한 민망한 포즈를 취하고 있었다. 바로 '경탄과 현혹' 그 자체로서! 고딕 양식인 프라하 비투스 성당과는 다르게, 카를 성당은 내부구조가 부드럽고 전체적으로 곡선을 잘 살렸다는 느낌이 들었다. 하긴, 이런 글을 써봐야 무슨 소용이 있겠는가. 나 역시 바로크를 글로 설명하고 있을 뿐.

# 기꺼이
# 다녀온
# 몰디브

그러고 보니 얼마 전에도 가족이 일본 오사카와 그 주변 지역을 다녀왔다, 역시 카드할부로. 그래도 전보다는 살림살이가 나아져서 할부 돌리는 기간이 5개월로 단축됐다. 가까운 일본에 가는 것도 버거워서 카드할부 돌리냐고 핀잔주는 사람들도 있겠지 싶다. 나라고 돈 더 잘 벌어서 일시불로 팍팍 여행 다녀오고 싶은 마음이 왜 없겠는가. 다만 그렇게 핀잔주는 사람에게 되묻고 싶다. 그러면 자동차는 왜 할부로 사는가? 자동차는 할부로 사도 괜찮고 여행은 카드할부 돌려서 다녀오면 이상한 것일까?

좀 더 좋은 차를 소유하고 싶은 마음에 장기간 할부를 돌리는 이들도 있다. 좋은 차를 소유하기 위한 욕망으로 미래의 수입 일부를 저당 잡힌다. 그 욕망, 존중한다. 하지만 나의 욕망은 거기에 있지 않은 걸 어쩌겠는가. 그들이 좋은 차를 '소유'하고 싶다는 욕망 이상으로, 나는 사랑하는 사람들과 행복한 '시간'을 남기고 싶다는 욕망이 강하다. 그것을 위해서라면 카드할부를 돌려 미래의 수입을 저당 잡히는 것도 불사할 뿐이다.

그렇다고 무책임하게 할부를 돌리는 것도 아니다. 과학적 계산을 통해 지금까지 밀리지 않고 꼬박꼬박 완납했다. 심지어 2014년에는 럭셔리 휴양지로 유명한 몰디브를 다녀와서도 할부를 완벽하게 다 메웠다. 내가 몰디브를 다녀왔다고 하면 사람들이 무척 놀라면서 돈 잘 버는 것으로 오해한다. 가족여행으로 몰디브를 가면 보통 1000만원 이상의 경비가 들기 때문이다. 과연 우리 가족이 1000만원의 경비를 지불했을까?

사람들은 우리 부부가 작가라는 사실을 간과한다. 작가란 종족은 딱히 외부일정이 없을 때는 그냥 집에 있는 사람들이다. 어딘가로 출근할 필요가 전혀 없다. 때문에 직장인이 한창 일할 시기에도 일정을 비워(일정이 없어) 훌쩍 여행을 떠나는 것이 가능하다. 아내와 상의 끝에 결혼 5주년 기념 가족여행으로 몰디브를 가기로 결정한 후, 자주 이용하는 여행사에 전화를 걸어 몰디브 여행에 대해 문의했다.

"네, 고객님. 무엇을 도와드릴까요?"

"가족여행으로 몰디브를 가려고 하는데요. 1년 중 가장 저렴한 시기로 안내 부탁드려요."

"혹시 우기도 괜찮으신가요?"

"네, 괜찮습니다. 우기라 하더라도 스콜처럼 간헐적으로 비가 오지 않나요?"

"그렇긴 한데… 해당 시기에는 태풍이 올 가능성이 있거든요."

"네? 태풍이요?? 음… 다시 전화드릴게요."

몰디브에서 간헐적으로 맞는 스콜쯤이야 로맨틱할 수도 있다고 생각했지만, 태풍은 전혀 고려하지 못한 규격외 요소였다. 전화를 끊고 몰디브와 태풍을 키워드로 인터넷 검색에 들어갔다. 알아보니 그야말로 복불복이었다. 몰디브는 작은 섬나라이기 때문에 태풍 경로에 따라 그 영향권에 들 수도 안 들 수도 있었다. 그런데 해당 시기에 몰디브 가족여행을 가면 고작 400만원대로 가능했다, 그것도 5성급인 쉐라톤 풀문 리조트에서.

이렇게 저렴한 비용으로 가능한 이유는, 우선 쉐라톤 풀문 리조트가 가족형 리조트를 지향하기 때문이다. 몰디브의 대다수 리조트들은 아이들에게도 꼬박꼬박 요금을 부과하는 데 반해, 5성급인 쉐라톤 풀문 리조트는 아이에게는 따로 요금을 받지 않는다. 아이가 있는 가족 입장에서는 오히려 3성급이나 4성급 리조트보다도 저렴한 비용으로 숙박이 가능했다. 또한 말레이시아 항공사를 이용하니 여타 항공사에 비해 상식 이하로 항공료가 저렴했다. 해당 항공편이 말레이시아 수도 쿠알라룸푸르를 경유하는데, 경유지에서 20시간 정도 머물러야 하기 때문에 항공사에서 무료로 호텔 숙박을 제공한다. 때문에 말레이시아 여행까지 공짜로 할 수 있는 좋은 기회였다. 이 모든 게 400만원대라니! 9개월 할부로 돌렸을 때 매달 40만원대의 부담이다. 왜 하필 9개월이냐고? 당시 카드회사에서 9개월 할부 수수료 일부 면제 이벤트 중이었기 때문이다. 몰디브 가라고 등 떠미는 것이지. 이것은 우리 형편에서 어떻게든 가능한 수준이었다.

오직 태풍만이 문제였다. 구구절절 구체적인 예를 들기는 뭐하지만, 나는 살면서 꽤 운이 좋은 편에 속한다. 아무런 근거는 없지만, 어쨌든 내가 몰디브에 가면 태풍 경로도 비켜 갈 것이라고 확신했다. 사실 그렇게 확신해야만 눈 질끈 감고 결제를 할 수 있기도 했고. 이렇게 모든 것이 술술 풀리는 듯했다. 한데, 2014년에만 말레이시아항공에서 비행기가 두 대나 떨어지는 것 아닌가. 한 대가 떨어졌을 때는 사실 마음에 큰 동요가 없었다. 하지만 두 대째가 우크라이나 상공에서 미사일을 맞고 떨어지니 심리적으로 위축되지 않을 수 없었다. 아무리 몰디브가 좋더라도 생명을 걸 수는 없지 않은가. 여행사에 항공사 교체 건으로 문의하니, 일정이 가능한 싱가포르항공으로 바꿨을 경우 대략 200만원 이상 추가비용이 든다고 했던 것 같다.

목숨을 걸고 말레이시아 항공기에 탑승하는 것도, 그렇다고 여행

경비로 200만원이 더 드는 것도 받아들이기 힘들어서 이래저래 고심을 하던 차, 뭔가 머리에 번뜩하는 것이 있어 급히 계산기를 두들겨 계산했다. 항공사에서 한 해에 비행기가 세 대 떨어질 확률을 계산해본 것이다. 비행기가 떨어질 확률을 연속으로 세 번 곱하면 되는데, 상식적으로 일어나기 힘든 수준의 확률이었다. 역시 나는 이공계 출신이다. 그 순간에 신에게 기도하지 않고 확률계산에 의존하다니.

출발 전날 첫째 딸의 팔이 부러져 급히 일정을 연기하는 우여곡절 끝에, 우리 가족은 드디어 사진으로만 보던 몰디브의 그 비현실적 풍경을 직접 만끽할 수 있었다. 역시 내 운은 강했다. 태풍 따위는 근처에 얼씬거리지도 않았으니. 인터넷에 떠도는 몰디브 사진을 보면서 대다수 사람들은 설마 실제로도 저런 풍경일까 의구심을 갖는다. 가서 직접 본 느낌을 말하자면, 그 사진들은 현실을 2%밖에 보여주지 못하더라. 다시 2014년으로 돌아가도 기꺼이 9개월 카드할부를 불사할 것이다.

# "빙수만 먹고
바로 집에
갈 건데요"

카드할부를 돌려서 여행을 다닐 정도니, 우리 가족은 확실히 체험형 소비족이다. 그렇다고 우리 가족의 체험형 소비가 비단 여행에만 국한되지는 않는다. 때는 2014년 여름이었다. 언젠가 풍문으로 애플망고빙수라는 놈이 그렇게 맛있다는 얘기를 접했다. 지금이야 애플망고빙수가 많이 알려졌지만, 당시에는 생소했고 파는 곳도 드물었다. 빙수가 맛있어 봐야 뭐 얼마나 대단하겠나 싶었지만 한편으로는 호기심이 동하기도 해서 인터넷 검색을 통해 파는 곳을 찾아보았다. 국내 최고급 호텔인 남산 신라호텔 1층의 더라이브러리 라운지 카페.

남산 신라호텔은 당시 지리적으로는 집에서 꽤 가까웠지만 사회경제적으로는 매우 거리가 먼 곳이었다. 예상치 못한 판매처의 압박

감에 위축됐지만 그래도 빙수인데 비싸면 얼마나 비싸겠나 싶어 신라호텔 홈페이지에 접속해 가격을 확인했다. 4,200원. 잉? 괜히 마음 졸였구먼. 이 정도면 온 가족이 여러 개 주문해서 푸짐하게 먹을 수 있겠네. 그런데 아무래도 동네 분식집스러운 가격에 뭔가 싸한 느낌이 들어 다시 찬찬히 들여다보니, 아뿔싸 42,000원. '0'을 하나 빼먹었구나. 촌닭이라 빙수 주제에 42,000원이나 할 것이라고는 상상조차 못 했기 때문에 저지른 실수였다.

먹느냐, 안 먹느냐To Eat or Not to Eat, 그것이 문제로다. 하지만 고민은 그리 길지 않았다. 진정 맛있는 것을 먹기 위해서는 42,000원을 마냥 아까워만 할 수 없지 않은가. 다만 그 42,000원짜리가 많고 많은 음식 중에 하필 빙수여서 당황스러울 뿐. 까짓것 올 여름 빙수는 이거 하나로 퉁친다는 마음으로 날을 잡았다. 신라호텔이 붐비지 않을 것 같은 평일을 골랐는데, 당일 첫째(당시 5살)를 어린이집에서 일찍 하원시키고, 돌이 갓 지난 둘째에 아내까지 온 가족이 차에 몸을 실었다. 확실히 지리적으로는 그렇게 멀지 않았기 때문에 1시간 안에 충분히 도착할 수 있었다.

당시 타고 간 차는 2012년에 구입한 2004년형 중고 투싼이었는데, 24개월 할부로 구입했기 때문에 여전히 할부금을 납부하고 있었다. 이 차로 호텔 앞에 도착하니 훤칠하게 잘생긴 남자 직원이 다가와서 "주차 도와드리겠습니다. 내려주세요"라고 하는 것 아닌가. 솔직히 여전히 할부 돌리고 있는 2004년형 중고 투싼 따위에게 이 무슨 과분한 처사란 말인가! 도와줄 필요가 전혀 없지 않은가.

"괜찮습니다. 제가 직접 주차하겠습니다."

"고객님, 죄송하지만 호텔 앞은 발레파킹valet parking 전용 구역입니다."

"네에? 발레요? 공연 보러 온 것 아닌데요?"

"아! 발레파킹이란 주차대행 서비스입니다. 호텔 앞에서는 고객님이 직접 주차하는 것이 불가합니다. 주차 대행만 가능한 구역입니다."

"그렇군요…. 몰랐습니다. 혹시…… 주차대행 서비스는 따로 비용이 청구되나요?"

"네, 발레파킹 비용은 2만원입니다."

허허허허허허허허. 4만2000원짜리 빙수 먹으러 왔는데, 주차요금을 2만원 내야 한다고? 뭐 이런 당혹스러운 상황이 다 있을까. 찬찬히 직원의 설명을 들어보니, 방문객이 직접 주차할 수 있는 곳은 한참 지나온 저 밑의 주차 건물이라고 한다. 다시 돌아가 그곳에 직접 주차하고 가파른 오르막을 걸어서 호텔 앞으로 오면 된다는 얘기다. 한여름에, 돌이 갓 지난 아이까지 동반해서, 그것도 빙수를 먹기 위해, 왔던 길을 돌아가 그 미션을 수행해야 한다고 생각하니 힘이 턱 빠지는 느낌이었다.

"저기요… 차 뒷좌석을 보시면 다섯 살짜리와 돌이 갓 지난 애들이 있습니다."

"네."

"한참 아래에 있는 주차 건물로 다시 가서 차를 대고, 돌이 갓 지난 애 데리고 오르막을 걸어 올라오려니 참 막막해서요. 우리 가족은 그저 여기 애플망고빙수가 그렇게 맛있다고 해서 오늘 그거 먹으러 총출동했는데요."

"………."

"잘 몰라서 그냥 무작정 호텔 앞까지 왔네요. 진짜 빙수만 먹고 바로 집에 갈 건데요. 어떻게 편의를 봐주실 수는 없을까요?"

내가 난감한 표정으로 설명을 하자 신라호텔 직원의 동공이 흔들리는 것을 감지할 수 있었다. 애플망고빙수 하나 먹겠다고 신라호텔에서는 보기 드문 차를 끌고 가족이 이렇게 총출동하다니. 뭔가 도와주지 않으면 몹쓸 인간이 되어버릴 것만 같은 시추에이션 아닌가. 호텔 직원의 눈에서 측은지심이 느껴졌다. 결국 그 직원의 배려로 우리는 발레파킹 구역에 무료로 주차할 수 있었다. 드디어 그 소문의 애플망고빙수를 먹기 위한 일차 관문을 어렵사리 통과했다. 초장부터 주차 때문에 주눅 들긴 했지만, 우리 가족은 명확한 목표의식을 갖고 호텔 입구로 성큼 걸어 들어갔다.

# 애플망고빙수
## '하나'의
## 즐거움

못 올 곳도 아니고 구체적인 목표를 갖고 왔지만, 자격지심 때문인지 괜스레 로비의 사람들이 힐끗힐끗 우리를 쳐다보는 것 같은 느낌이 들었다. 신라호텔 로비의 그 유명한 크리스털 장식을 보며 큰애가 "우와!! 진짜 예쁘다!"를 연발하는데, 좀 한 번만 했으면 싶었다. 다른 사람들에 비해 유독 우리 가족의 행색이 초라한 것 같아, 자연스럽게 시선은 살짝 밑으로 향하고 몸과 마음이 전부 구부정한 자세가 되었다.

쭈뼛거리며 두리번두리번 더라이브러리 라운지 카페에 가까워지자 피아노와 바이올린, 플루트 소리가 어우러진 삼중주 음악이 들렸다. 역시 신라호텔이라 그런지 스피커로 음악을 틀지 않고 라이브 연주로 들려주고 있었다. 마침 삼중주 연주하는 곳에서 가까운 쪽에 빈 좌석이 있어 직원의 안내를 받아 냉큼 자리를 잡았다. 네 가족이 테이블 주변에 둘러앉아 있으니 잠시 후 주문을 받는 직원이 다가왔다.

"주문 도와드리겠습니다."

"네… 음… 애플망고빙수 '하나' 주세요."

"애플망고빙수 '하나' 말씀이죠? 더 필요하신 것은 없으신가요?"

"음… 네… 없습니다…."

"알겠습니다. 빙수가 나올 때까지 잠시만 기다려주세요."

"아… 깜빡했네요. 저기… 숟가락은 '네 개' 부탁드려요…."

"숟가락 '네 개' 말씀이죠? 알겠습니다."

차마 빙수를 두 개 시킬 수는 없었다. 두 개 시키면 8만4000원이기 때문이다. 그래도 어쨌든 숟가락은 네 개가 필요했다. 그래서 요청했다. 항상 그렇지만 낯선 문화권에서의 주문이란 어렵고 긴장된다. 주문을 마치고 한숨 돌리니 그제야 피아노, 바이올린, 플루트 삼중주의 선율과 화음이 귀에 들어왔다. 역시 스피커가 뿜는 조잡한 소리와는 차원이 달랐다. 삼중주 연주를 가까이서 라이브 연주로 들으니, 특히 둘째가 무척 신기해하며 집중하는 것 아닌가. 자연스럽게 둘째를 품에 안고 일어나 삼중주 라이브 연주자들에게 최대한 가까이 다가갔다. 물론 그렇게 행동하는 사람은 그 공간에서 나밖에 없었다. 뭐 아무렴 어떤가. 빙수만 먹고 자리 뜨면 그만인 것을.

"애플망고빙수 '하나' 말씀이죠? 더 필요하신 것은 없으신가요?"

"음… 네… 없습니다…."

"알겠습니다. 빙수가 나올 때까지 잠시만 기다려주세요."

"아… 깜빡했네요. 저기… 숟가락은 '네 개' 부탁드려요…."

드디어 애플망고빙수 등장. 4만 2000원짜리 빙수는 역시 모든 면에서 동네 분식집 빙수와는 격이 달랐다. 얼음부터가 물이 아닌 연유얼음이었다. 대패처럼 얇게 썰린 얼음이 층층이 쌓여 있어, 입에 넣으면 각각의 층이 순차적으로 녹는 것 같은 오묘한 질감을 준다. 커다란 깍두기처럼 큼직큼직 썰려 있는 제주산 애플망고는 생망고의 부드러운 질감이 그대로 살아 있어, 입에 넣으면 과연 씹히는 것인지 이빨에 닿아 녹는 것인지 알기 힘들 정도로 부드러웠다. 양도 생각보다 많아서 성인 둘이 먹기에 충분한 정도였다. 물론 우리는 네 가족이라 좀 부족한 감이 있기는 했지만, 지갑 사정상 추가로 하나 더 시킬 수는 없었다.

맛있게 접시를 싹 비운 후 더라이브러리 라운지 카페를 벗어나 호텔 이곳저곳을 구경했다. 애플망고빙수를 먹은 덕분에 주차요금은 면제됐고, 앞서 얘기했다시피 발레파킹 구역에 무료로 주차했으니 오히려 2만원 번 셈 아닌가. 게다가 피아노, 바이올린, 플루트의 삼중주 연주를 아주 가까이서 들을 수 있었는데, 가만히 생각해보니 만약 4만 2000원으로 집에서 애플망고빙수를 즐기며 삼중주 연주자를 불러 라이브 연주를 들으려 했다면, 그 돈으로는 죽었다 깨어나도 불가능하다는 생각이 불현듯 머리를 스쳤다. 어쩌면 4만 2000원으로 가능한 최고의 호사를 누린 게 아닌가 싶다.

# 엥겔지수가
# 높은
# 가족

우리 가족의 카드 사용내역을 보면 대부분 먹는 것과 여행이다. 전생에 집구석에 틀어박혀 살다가 굶어 죽은 사람들끼리 만나 부부의 연을 맺었는지, 카드할부 불사하며 원 없이 먹고 원 없이 쏘다닌다. 2015년 9월에는 어쩌다 보니 남자가 손대지 말아야 할 취미 중 하나인 와인에 손을 대고 말았다. 결국 페이스북에서 스스로를 '가산탕진형 와인애호가'로 소개하기까지 이르렀다. 노파심에서 말하자면, 와인 애호가에게 저축은 하냐고 묻는 것은 실례다.

아이들도 부모의 영향으로 다양한 먹을거리를 경험하니, 초등학생 첫째 딸이 가장 좋아하는 음식이 무려 자연산 돌돔회다. 사탕이나 과자가 아니라, 무려 회를 탐하는 초등학생이라니! 자연산 돌돔회 한 조각을 손으로 덥석 집어 와사비 간장에 찍은 후 거침없이 흡

입하는 첫째의 모습을 보며, 공부는 모르겠지만 적어도 미각에는 탁월한 재능이 있지 않을까 하는 기대를 하게 된다. 요즘은 먹방이나 맛 칼럼이 대세 아닌가. 어설프게 공부 잘하는 것보다는 차라리 특출한 미각을 개발하는 쪽이 훨씬 낫지 싶다.

그나저나 와인을 무척 좋아하는 건 맞지만 자주 마시지는 않는다. 취기 자체를 갈망하는 순도 높은 애주가는 아니라서, 그저 와인의 맛과 향 그 자체에 집중한다. 과도한 음주는 건강에도 좋지 않으니 주말에 한 병을 아내와 반씩 나눠 마시는 정도로 즐기고 있다. 종종 아이들에게도 와인향을 맡게 하는데(가끔은 아주 살짝 마시게도 하고), 미각과 후각 조기교육 의도가 없다고는 얘기 못 하겠다. 아이들이 장래에 로버트 파커, 잰시스 로빈슨, 제임스 서클링 같은 세계적인 와인평론가가 되면, 유명 와인회사들이 앞다퉈 자신들의 와인을 평가해달라고 '공짜로' 보내줄 것 아닌가. 본의는 아니지만, 이 애비가 대신 마시고 평가해줄 수도 있을 테고.

이런 식으로 살다 보니 우리 집 엥겔지수(소비지출 총액에서 식료품비가 차지하는 비율)는 남들에게 얘기하기 민망할 정도로 높다. 일반적으로 엥겔지수가 높을수록 빈곤층으로 분류되는데. 엥겔지수로만 판단한다면 우리 집은 극빈층으로 분류되어도 할 말이 없을 것이다. 그런데 과연 그렇게 엥겔지수만으로 우리 가족을 평가해도 좋은가? 복잡다단한 세상을 어찌 엥겔지수 같은 수치 하나로 파악할 수 있겠는가.

2013년 7월 〈세계일보〉에 '부자들, 명품보다 여행·외식 지갑 연다'라는 제목으로 다음과 같은 기사가 실렸다.

국내 부유층 소비자들은 명품 브랜드나 보석 등의 사치품보다 저녁외출·가족여행·고급외식 등 직접 '경험'하는 항목 지출을 선호하는 것으로 나타났다. 9일 비자코리아의 '2013 비자 부유층 설문조사'에 따르면 국내 부유층 중 지난해 '야간·저녁외출'에 지출했다는 비율은 91%였고, 향후 1년간 지출 계획이 있다는 비율도 38%에 달했다. 다음으로 '가족휴가'(82%), '좋은 레스토랑에서 저녁식사'(67%), '자선단체 기부'(55%) 등이 뒤를 이었다. '명품 디자이너 의류 구입'(46%), '보석류 구입'(30%) 등 사치품에 돈을 썼다는 비율은 상대적으로 낮았다. 부유층이란 18~55세 신용카드 소지자 중 소득 분포 상위 20%에 속하는 이들을 말한다. '럭셔리luxury(호화로움)'란 무엇인지에 대한 질문에서는 '자신의 선호사항을 충족하는 맞춤형 서비스와 경험'(74%)이란 응답이 가장 많았고, '더 많은 시간'(71%), '특별히 자신을 위해 제작된 상품'(50%) 등이 뒤를 이었다. 반면 '최고의 브랜드 소유'는 30%에 그쳤다.

우연히 이 기사를 읽고 얼마나 유쾌·상쾌·통쾌했는지 모른다. 기사에서 언급한 저녁외출·가족여행·고급외식이야말로 우리 가족의 극단적 체험형 소비와 정확히 맞아떨어졌기 때문이다. 게다가 부유층은 이래저래 바빠 저녁이 되어야 외출하지만, 프리랜서(준準백수)인 우리 가족은 그들이 한창 일하고 있을 평일 대낮에 여유롭게 외출한다. 삶의 질이라는 측면에서 보면 오히려 부유층보다 우리 가족이 비교우위에 있지 않을까? 다만 그들은 일시불로 지불한다면, 우리 가족은 할부를 좀 길게 돌린다는 차이는 있겠지만. 아무렴 어떤가. 갚으면 그만이지. 우리 가족이야말로 진정한 VIP 아닌가.

# 시간을 버는
# 최고의
# 방법

소비에서조차 시간이 중요하다는 사실을 강조하려고 이런저런 썰을 풀다 보니, 주책없이 애플망고빙수 사 먹은 얘기까지 하게 됐다. 솔직히 시간의 중요성을 얘기하자면 끝이 없을 것이다. 중국 대륙을 최초로 통일하고 그 누구보다도 거대한 부와 권력을 거머쥐었던 진시황조차 애가 닳도록 원했던 것이 바로 시간이다. 잘 알려져 있듯이 진시황은 불로초를 구하기 위해 갖은 노력을 다했는데, 흘러가는 시간의 끝자락이라도 붙잡으려고 어떻게든 발버둥친 것 아닌가. 말년에 수은을 불로장생약이라고 생각해서 꾸준히 섭취했다는데, 결국 수은중독으로 천수조차 제대로 누리지 못하고 일찍 사망했으니 참으로 아이러니하다. 차라리 애플망고빙수를 꾸준히 먹는 게 훨씬 나았을 텐데.

아무튼 시간이 이토록 중요한 것이라면, 혹시 돈을 벌 듯 시간을 벌 수 있는 방법은 없을까? 만약 돈보다 더욱 소중한 시간을 벌 수만 있다면, 인생에서 그것보다 더 수지맞는 장사는 없을 것이다. 자! 주목하시라. 지금부터 그렇게 중요한 '시간'을 벌 수 있는 최고로 수지맞는 장사가 무엇인지 공개하겠다.

앞서 얘기했듯이 나는 대학시절 마르크스《자본론》을 읽고 개안 開眼을 경험했다. 그 충격이 너무 커서 인생의 진로가 바뀔 정도였다. 나는 자신의 내면으로만 침잠해 들어가는 소승불교적 인간은 아니다. 깨달음을 어떻게든 널리 알리려는 대승불교적 성향이 강하다 (불교 신자는 아니다). 때문에《자본론》의 내용을 좀 더 많은 사람과 공유해야겠다는 생각에《자본론》학습모임을 꾸렸다. 그런 모임에 사람이 얼마나 오겠나 싶겠지만, 인터넷 초창기부터 홈페이지를 직접 만들고 운영했던 역량을 발휘해 인터넷 홍보를 열심히 한 결과 첫 모임에 무려 20명이 넘게 참석했다.

마르크스《자본론》학습모임에 이렇게 많은 사람들이 모이다니! 조국의 미래는 밝구나! 첫 모임에서는 각자 자기소개를 한 후 학습모임 운영방식에 대해서 논의하고, 참가자 수에 고무된 기세를 몰아 다음 모임 때까지《자본론》제1편인 상품과 화폐 부분을 읽어오기로 뜻을 모았다. 100쪽이 훌쩍 넘는 만만치 않은 분량을 읽어야 하지만, 방대한《자본론》을 제대로 공부하기 위해서는 감내해야 할 분량이었다. 모임 분위기도 좋은데 못 할 것이 무엇인가!

어느덧 2차 모임 날이 다가왔다. 참가자들에게 확인 차원에서 전체문자를 보냈다. 연이어 답문자가 도착하는데, 대부분 '죄송합니다. 오늘 참석이 어렵습니다'라는 취지의 내용이다. 결국 2차 모임에서는 참가인원이 10명 수준으로 반 토막 났다. 불참자에게 사정을 들어보니 《자본론》의 내용이 너무 어려워서 제대로 못 읽었고, 그래서 민망한 마음에 모임에 빠졌단다. 그래도 참석한 10명이 어디인가. 이 소중한 사람들과 함께 끝까지 가겠다는 결심으로 완주하기는 개뿔! 3차 모임에서는 5명 참가, 4차 모임에서는 나를 포함해서 고작 2명이 쓰린 속을 술로 달래다 모임을 해소했다. 어떻게 된 모임이 회를 거듭할수록 참가인원이 산술급수가 아니라 기하급수적으로 감소하는가. 취지가 아무리 좋더라도 참가인원이 이렇게 급감하면 운영자로서 맥이 빠질 수밖에.

하지만 첫술에 배부르랴! 기운을 내 실패원인을 복기해보니, 역시 《자본론》이 너무 어려운 것이 문제였다. 이 문제를 극복하기 위한 방법을 고민하다가 다음과 같이 생각이 정리됐다. 《자본론》은 내용과 분량이 방대하기 때문에 사전지식 없이 무작정 읽으면 그야말로 망망대해에서 목표지도 모르고 무작정 헤엄치는 기분이 된다. 당연히 내용도 이해 안 되고 흥미도 떨어질 수밖에 없다. 이런 상황을 미연에 방지하기 위해서는 《자본론》을 읽기 전에 미리 전체 내용이

나 큰 그림을 어느 정도 파악할 필요가 있다. 그렇게 사전지식을 습득하고 동기부여가 되면, 본격적으로 《자본론》이라는 망망대해에 뛰어들어도 길을 잃지 않고 목표지로 정확히 헤엄칠 수 있는 자신감을 가질 수 있다.

새로이 《자본론》 학습모임 참가자를 모집하고 첫 모임에서 사용할 강의록을 만들었다. 《자본론》의 핵심내용인 잉여가치론을 정리한 내용이었는데, 첫 시간에 이 강의록을 활용해서 참가자에게 간략한 강의를 했다. 사전지식 전달과 동기부여가 목적이었다. 《자본론》의 대략적인 내용이 이러하니 본격적으로 본문을 읽을 때 활자의 숲속에서 길을 잃지 말라는 의도였다. 확실히 효과가 있었는지 이전에 기하급수적으로 줄던 때와 다르게 산술급수적으로 인원이 감소했다. 바로 이 강의록이 10년이 넘는 기간 동안 내공이 쌓이고 살집이 붙어 단행본 《원숭이도 이해하는 자본론》으로 탄생한 것이다.

어느덧 전업작가로 살다 보니 종종 저자 초청 강의 같은 것을 하는데, 대학교에 초청 강의를 가면 가끔 학생들에게 물어본다.

"《원숭이도 이해하는 자본론》 읽은 사람 있어요?"

"네, 저 읽어봤어요."

"다 읽는 데 얼마나 걸렸나요?"

"일주일 정도 걸렸어요."

"다른 학생은 얼마나 걸렸나요?"

"저는 책이 워낙 재미있어서 하루 만에 다 읽은 것 같아요."

책을 읽은 사람을 만나니 무척 반갑고 고마운 마음이지만, 한편으로는 10년 개고생을 해서 정리해놓은 책을 일주일, 심지어는 하루 만에 해치우니, 뭔가 단물만 쏙 빨린 느낌이다. 그런데 이쯤 얘기했으면 눈치 빠른 사람이라면 느낌이 왔을 법한데? 그렇다. 시간을 버는 최고의 남는 장사는 바로 '독서'다. 누군가 10년 개고생해서 정리한 내용을 빠르면 하루 만에 쪽 빨아먹을 수 있다니. 시간이라는 관점에서 보았을 때 이것보다 남는 장사가 과연 어디에 또 있겠는가.

# 실질적 수명
## 1만 년
# 연장하기

인간의 생물학적 수명은 길어도 100년을 넘기 힘들다. 물론 가끔 해외토픽에 100세를 훌쩍 넘겨 건강하게 사는 노인들이 나오지만, 우리가 해외토픽 대상이 될 확률이 얼마나 되겠는가. 그런데 '독서'는 생물학적 수명의 한계를 뛰어넘어 실질적 수명을 천 년, 만 년, 심지어 십만 년 이상으로 연장시켜준다.

《원숭이도 이해하는 자본론》을 읽으면 저자의 10년 개고생 결과물을 하루 만에 자신의 것으로 만들 수 있다. 순식간에 10년이라는 시간을 번 것이다. 나같이 보잘것없는 작가가 쓴 책을 읽어도 그렇게 수지가 맞는데, 역사라는 촘촘한 체를 통과해 살아남은 인류의 고전들은 어떨까? 뛰어난 사상가가 살아낸 삶의 밀도는 아무리 적게 잡아도 범인凡人의 몇 배에 달할 텐데, 이들이 수십 년을 바쳐 써

낸 책의 실질적 가치는 100년은 족히 넘지 않을까? 이 정도 가치가 있는 고전을 100권 읽는다면 단순한 계산으로 100권 곱하기 100년 이니 무려 1만 년이다. 실질적 수명이 무려 1만 년이나 연장되는 셈 인데, 세상에 이것보다 더 남는 장사가 어디에 있을까?

시간의 관점에서 보면 도서관은 인간의 장구한 시간을 담아놓는 저장고다. 개인적으로 도서관 서가에 들어서면 외부보다 공기가 좀 차분하게 가라앉는다고 느끼는데(물론 전적으로 심리적인 이유겠지만), 책에 담겨 있는 시간의 밀도감 때문이 아닐까 싶다. 나와 아내는 작 가이기 때문에 기본적인 독서 외에도 자료조사를 위해 꽤 많은 양의 책을 참고한다. 만약 우리 부부가 완독 및 발췌독하는 책을 일일이 구매했다면 우리 집은 진작 파산했을 것이다. 우리 부부에게 도서관 은 생계유지를 위한 필수재다.

책을 팔아서 먹고사는 작가 입장에서 할 얘기인지는 모르겠지만, 그런 맥락에서 도서관은 책 구입비용을 절약하면서 동시에 시간을 벌 수 있는 일타이피의 마법 공간이다. 나는 졸업하고 오랜 세월이 지난 지금도 서울대학교 중앙도서관에서 책을 대출한다. 졸업생도 1년에 10만원을 내면 한 번에 최대 10권을 14일 동안 대출할 수 있 는 동문회원제를 이용하기 때문이다. 서울대학교 중앙도서관은 국 내 여타 도서관과 비교할 수 없는 방대한 규모의 장서량을 자랑하기 때문에 희귀도서도 쉽게 구할 수 있는 장점이 있다. 1년에 10만원으

《원숭이도 이해하는 자본론》을 읽으면 저자의 10년 개고생
결과물을 하루 만에 자신의 것으로 만들 수 있다. 순식간에
10년이라는 시간을 번 것이다. 나같이 보잘것없는 작가가 쓴
책을 읽어도 그렇게 수지가 맞는데, 역사라는 촘촘한 체를 통과해
살아남은 인류의 고전들은 어떨까?

로 그 방대한 자료를 마음껏 활용할 수 있으니, 1년에 수백 권의 책을 참고하는 부부 작가 입장에서는 수백만원의 도서구입비를 절약하면서 동시에 책의 내용을 통해 어마어마한 수명을 버는 셈이다.

저자로 살다 보니 이런저런 계기로 경희대학교에서 마르크스의 사상을 가르치는 2학점짜리 교양강의를 한다. 일종의 부업인데, 학교에서의 신분은 달랑 한 강의만 맡은 시간강사라 매주 학교에 나가 2시간 수업하고 받는 수입이라고 해봐야 한 달에 40만원 정도다. 쓴웃음 나오는 액수에 왕복 3시간의 이동거리까지 고려한다면 그만둬도 진작 그만뒀어야 정상이다. 하지만 강의가 제법 인기 있어 많은 학생들이 듣기도 하고, 경희대학교 도서관에서 강사 신분으로 한 번에 무려 30권을 대출할 수 있으니 부부 작가의 자료조사 활동에 쏠쏠하게 도움이 된다. 시간강사 자격으로 도서관에 요청하면 필요한 책을 구매해주기도 하니, 그런 혜택을 받을 때만큼은 40만원의 서러움도 잠시 잊을 수 있다.

어쨌든 이렇게 도서관을 적극 활용하다 보니 책이라는 놈을 꼭 개인적으로 소유할 필요는 없겠다는 생각이 자연스럽게 머릿속에 자리 잡기 시작했다. 솔직히 내가 읽었거나 읽을 책이 꼭 우리 집 책장 안에 위치해야만 할 필연적 이유는 없지 않은가. 아예 서울대와 경희대 도서관이 사실은 내 개인 소유 서재인데, 나는 마음씨 좋은 부자라서 학생과 시민들에게 전폭 개방한다고 멋대로 생각하면 어떨까? 인생이란 어차피 긍정 마인드와 정신승리로 어떻게든 살아내는 그런 것이다. 혼자 속으로 그렇게 생각한다고 해서 누가 속마음을 읽어내고 비난할 것도 아니지 않나. 설사 내가 실제 소유주라 하더라도 도서관을 이용해봐야 얼마나 이용하겠는가.

책에 대한 소유욕이 사라지니 명확하게 소장해야 할 이유가 있는 책을 제외하고는 중고서점에 팔아 현금으로 바꾸기 시작했다. 이사할 때는 책장 8개 분량의 책 중 절반을 팔아 이사비용에 보탰다. 여전히 다른 집에 비해서는 책을 많이 보유한 편이지만 앞으로도 꾸준히 중고서점에서 현금화해서 식생활과 가족여행에 한 푼이라도 보탤 계획이다. 아이들 책조차 대부분 동네 도서관에서 대여로 해결하는 나 자신이 가끔은 너무한 것 아닌가 싶기도 하다. 다만 책 구매비용을 아끼면 와인 한 병 더 마실 수 있다는 생각으로 눈 질끈 감고 마음을 다잡을 뿐이다.

(여러분, 염치없지만 그래도 제 책은 꼭 구입 부탁드립니다. 꾸벅)

# 포천
# 아도니스 호텔
# 투숙기

대학 도서관을 개인 서재로 여기며 정신승리했던 과거를 얘기하다 보니, 호텔과 얽힌 또 하나의 정신승리 추억이 떠오른다. 때는 2011년 5월 2일 월요일. 우리 부부는 작가라는 직업의 유일한 장점을 살려, 아내가 결혼할 때 지참해온 칼로스 승용차를 몰고 남들이 한창 일하는 평일에 경기도 포천의 아도니스 호텔로 향했다. 여행을 떠나는 데 꼭 이유가 있을 필요는 없지만, 그날의 여행은 꽤 구체적인 이유가 있었으니 바로 '욕조'다.

당시 우리 가족은 '욕조 없는' 산꼭대기 빌라 4층에 전세로 살았다. 여름에는 적도 체험, 겨울에는 극지 체험이 가능한 산꼭대기 빌라 최상층이라는 점도, 서울에서 가장 집값이 싼 동네(교육여건 및 주변 인프라 최악)에 위치한 빌라인 것도 아내는 크게 개의치 않았다. 다만 따끈한 물을 가득 담아놓고 몸을 푸욱 담글 수 있는 욕조가 없는 점은, 반신욕을 즐기는 아내 입장에서 두고두고 아쉬운 부분이었다. 하지만 돈이라는 현실에 맞춰 전셋집이라는 퍼즐을 풀다 보니 선택지는 제한될 수밖에 없었고, 결과는 욕조 없는 집이었다.

그런데 그날 우리가 향하는 곳에는 '욕조'가 있었다. 돌도 안 된 딸아이의 어린이날 기념여행이라는 것은 그저 명분일 뿐이었다. 누군가는 신라호텔과 그랜드 하얏트 호텔에도 욕조가 있다고 할지 모르겠다. 그것을 왜 모르겠는가. 다만 산꼭대기 욕조 없는 빌라를 전셋집으로 선택할 수밖에 없었던 이유와 동일한 맥락이라는 점만 언급하련다. 아무튼 비수기 중의 비수기, 그중에서도 평일 숙박이라는 빡빡한 조건을 만족시키니 조식 포함해 10만원 정도의 착한 가격이 우리를 반기고 있었다. 작가 하기 잘했다.

여장을 풀고 구석구석 차분하게 살펴보니, 가격 대비 성능이 상당히 만족스러운 호텔이었다. 포천시에서 '아름다운 건축물'로 선정할 정도로 멋진 유럽식 정원을 보유한 덕택에, 문근영이 출연한 드라마 〈신데렐라 언니〉의 촬영장으로도 사용됐다. 우리가 묵는 313호 객실 베란다를 통해 밖을 보니 그 유럽식 정원이 한눈에 들어왔다. 객실에서 인터넷은 무료로 이용 가능하며 당시 돌이 채 안 되었던 첫째 딸을 위한 침대가 별도로 마련되어 있었다. 물론 욕조도 있고.

하지만 그 모든 장점을 우습게 뛰어넘는 최고의 조건이 마련되어 있었다. 놀라지 마시라. 유럽식 정원에 76개의 객실을 보유한 근사한 5층 호텔에 당일 투숙객은 우리밖에 없었다. 말 그대로 호텔을 통으로 전세 낸 것이다. 역시 세상은 살 만하지 않은가!

초록색 잔디로 뒤덮인 정원에는 호수가 있고 갖가지 색조를 띤 꽃이 노련한 정원사의 손길을 느낄 수 있게 가지런히 피어 있었다. 사람의 눈, 코, 입 모양 장식물이 붙어 있는 나무들은 정원의 분위기를 유쾌하게 만들어주었다. 정원 한쪽에 위치한 수영장 건물 안에는 마침 아이를 위한 실내 놀이터가 있었다. 투숙객이 우리뿐이라 이용객이 아무도 없었다. 아내는 실내 놀이터에서 기모노 입은 인형을 발견하고는 무척 맘에 들었는지 아이에게 쥐여주고 수차례 사진을 찍었다. 내가 보기에는 그 인형의 무표정함이 일본 공포영화 〈링〉에나 어울릴 법한데 말이다.

호텔 로비에는 흰색 영창 그랜드피아노가 놓여 있었다. 역시 투숙객이 우리밖에 없으니 사실상 내 전용 피아노다. 직원들의 양해를 구하고 피아노 의자에 앉았다. 딸아이에게 들려주기 위해 로베르트 슈만의 피아노 소품 〈어린이를 위한 앨범〉 Op.68 중 열세 번째 곡 '즐거운 5월, 벌써 그곳에Mai, lieber Mai, Bald bist du wieder da!'를 연주했다. 이 곡은 아내와 결혼할 때 하객을 위해 내가 연주한 곡이기도 하다. 결혼식도, 호텔 방문일도, 피아노곡도 모두 5월이라니.

아내가 313호실 욕조에 들어가 나올 줄 모르는 동안, 나는 푹신한 침대에 몸을 맡기고 상념에 젖어들었다. 산꼭대기 욕조 없는 전세 빌라는 우리 가족의 소유가 아니다. 2011년 5월 2일에 묵고 있는 아도니스 호텔 역시 우리 소유가 아니다. 둘 다 우리 소유가 아니라는 점은 마찬가지인데도 산꼭대기 빌라는 스스럼없이 '우리 집'이라고 부르면서, 왜 아도니스 호텔은 선뜻 '우리 집'으로 부르지 못할까? 물론 거주 기간의 차이는 있다. 1년의 대부분을 산꼭대기 빌라에서 지내는 데 반해 아도니스 호텔은 하루만 묵는다. 그렇지만 거주 기간의 차이가 있다손 치더라도 어차피 둘 다 내 소유가 아니라면, 이렇게 생각해볼 수도 있지 않을까? 산꼭대기 욕조 없는 빌라도 타인 소유의 '우리 집'이고, 아도니스 호텔 역시 타인 소유의 하루짜리 '우리 집'이라고.

뭔가를 극단으로 밀어붙이면 홀연히 그 내부의 본질이 모습을 드러내는 경우가 있다. 아도니스 호텔의 푹신한 침대 위에서, 나는 바로 그런 경험을 했다. 따져보니 결국 몸 뉘어 쉴 수만 있다면 그곳이 바로 내 집 아닌가. 누가 소유하고 있느냐는 나중 문제다. 통장잔고 탈탈 털어서 간 신혼여행지 보라보라섬의 오버워터 방갈로도 내 집이고, 아내 퇴직금으로 떠난 체코 여행에서 묵었던 한인 민박집 역시 내 집이고, 20대 시절 종이 박스를 깔고 잠을 잤던 대학교 강의실도 내 집이다.

깨달음을 얻으니 세상을 달리 보게 됐다. 한적한 교외의 멋스러운 카페나 갤러리를 방문하면, 그곳은 내 별장이고 직원은 집사다. 그들은 나를 주인으로 깍듯하게 맞이한다. '아무개 집사, 별장 관리를 잘하고 있구먼. 특히 청소 상태가 아주 양호해.' 하고 마음속으로 칭찬을 해준다. 칭찬할 때 절대로 입 밖으로 소리 내지 않는 것은 내 별장의 불문율. 가끔 집사들이 까칠한 경우도 있으나, 내가 오랫동안 연락하지 않아 서운한 탓이리라. 우리 집사들이 참으로 고마운 것이 전기요금, 수도요금, 가스비 등 관리비 일체를 어떻게든 알아서 해결하며 언제든지 나를 맞이할 수 있도록 만반의 준비를 하고 있다. 그런데 만약 내가 그곳을 '진짜로' 소유하고 있다면? 제반 비용 일체를 내 통장에서 책임져야 하는데, 생각만 해도 두통에 소화 불량이 올 지경이다.

앞에서도 말했듯 인생이란 어차피 긍정 마인드와 정신승리로 어떻게든 살아내는 그런 것이다.

# 로또 1등이 되어도 바뀌지 않는 것

"19, 20, 23, 24, 43, 44"

"안 맞아도 어떻게 이렇게 안 맞니?"

"쩝, 그러게. 그놈의 대박은 대체 누가 맞는 거야?"

눈치 빠른 사람은 이미 알겠지만 로또 얘기다. 지금보다 벌이가 더 시원찮던 시절, 일주일에 한 번씩 아내와 종이 한 장을 놓고 숫자 맞추기를 했다. '진보적인 사상을 가진 사람이 그런 사행성 행위에 동조·동참하느냐'는 비난을 해도 좋다. 실제 당첨만 될 수 있다면 그런 비난 정도야 얼마든지 받아줄 용의가 있다. 호주머니 사정에 따라서는 간단한 숫자 맞히기도 정화수 떠놓고 천지신명께 비는 종교 행위가 될 수 있다는 점만 이해해달라.

아무튼 당시 전세 살던 산꼭대기 빌라에서 한참 내리막길을 내려

오면 뚜레쥬르, 파리바게트, 동네 빵집 이렇게 세 가게가 무려 새벽 1시까지 빵을 팔며 대치하던 작은 사거리가 나오는데, 바로 그 옆에 로또를 판매하는 문방구가 있었다. 문방구 간판에는 크게 "로또 판매점"이라고 적혀 있고 두 번 연속으로 2등이 터졌다는 문구가 연예인 사인처럼 자랑스럽게 걸려 있었다.

'음. 그렇다면 우리 동네 주민 중 2명이 이 문방구에서 로또 2등을 맞았다는 얘긴데, 나쁘지 않은데?'

로또 2등 당첨금도 보통 수천만원에 달하니 생계가 팍팍한 작가 나부랭이에게는 눈이 확 뒤집히고도 남는 액수다. 아내 역시 내 글이 대박 터지는 쪽보다 로또가 대박 터지는 쪽을 좀 더 기대하는 듯했다. 설사 당첨되지 않는다 하더라도 어쨌든 일주일을 기대감에 젖어 살 수 있는 꿈값이 5000원이라면 뭐 그리 비싼 것도 아닌 것 같고.

어떤 자기계발서 작가가 생생하게 꿈꾸면 현실이 된다고 하던데, 나도 로또 당첨을 생생하게 꿈꾸면 진짜 뭔가 되려나? 남아서 불어 터지는 것이 시간뿐인 작가(한량)이니 하루를 온전히 투자해 더 이상의 생생함은 없다고 선언할 정도로 로또 1등 당첨 이후의 삶을 머릿속에 생생하게 그려보았다.

'집에 있는 영창 업라이트 피아노가 구입한 지 30년이 다 돼서 조율을 해도 금세 음이 흐트러지고 피아노 선도 하나 끊어져 있어. 이

참에 스타인웨이 그랜드 피아노로 하나 뽑아야겠어.'

'내색은 안 하지만 아내가 백화점 아이쇼핑에 지친 것 같아. 아내의 인내심도 바닥을 드러내는 것 같으니 이참에 루이비통 가방이라도 좀 질러줘야지.'

'여행비용을 항상 구질구질하게 카드할부로 돌렸는데 이제는 좀 당당하게 일시불로 다녀와야. 그래, 이참에 럭셔리 여행의 끝판왕이라는 초호화 크루즈 여행 좀 일시불로 가보자.'

흐뭇한 미소를 머금고 당첨 후 구입할 물건 목록을 작성했다. 지금이라면 구입목록을 프랑스 부르고뉴 지역의 그랑크뤼급 와인으로 가득 채웠겠지만, 당시에는 와인에 홀딱 빠지기 전인 데다 원래 물욕이 그다지 크지 않은 성격이라 몇 가지 적고 나니 떠오르는 것이 없었다. 그러던 중 갑자기 로또 당첨 이후의 내 삶이 궁금해졌다. 로또 당첨 후 직장을 그만뒀다는 얘기도 많이 들리던데, 그렇다면 나의 삶은 과연 어떤 변화가 있을까?

'내가 작가인데 로또 1등에 당첨되면 글쓰기를 때려치울까? 아니야, 그렇지 않겠지. 돈이 많든 적든 나는 이 일을 하는 것이 즐거우니까. 아마 나는 배부른 돼지, 아니 배부른 작가가 될 거야. 이건 의심의 여지가 없어.'

'나는 작가로서 종종 이런저런 곳에서 강의를 하는데, 로또에 당첨되면 배가 불러서 강의를 안 할까? 역시 그럴 일은 없을 거야. 아

마 배부른 강사가 되겠지. 나는 내가 가진 생각을 사람들과 나누기 좋아하니까.'

솔직히 좀 놀랐다. 로또라고 하면 누구나 인생역전, 대반전을 떠올리는데, 생생하게 꿈을 꾸는 과정에서 로또 당첨 전과 후의 내 삶에 큰 변화가 없다는 사실을 깨달았기 때문이다. 로또 당첨 후에도 주변에 고급 물건이 생긴다는 사실만 제외하고는 기본적으로 작가의 삶은 그대로 아닌가. 자신이 좋아하는 일을 업으로 선택해 산다는 것이 바로 이런 것이구나. 로또 1등에 당첨됐는데도 삶이 변하지 않는 사람이 과연 얼마나 될까? 그렇구나, 나는 정말 행복한 사람이구나.

역시 생생하게 꿈꾼다고 복권이 당첨되지는 않더라. 솔직히 그런 구라를 믿을 정도로 어수룩한 사람도 아니고. 다만 내 행복지수를 측정한 비용이 5000원이라면 참으로 저렴한 가격이라는 생각이 들었다. 기왕 로또를 구입할 생각이라면 여러분도 이참에 로또를 통해 행복지수를 측정해보시라. 우선 로또를 구입한 다음, 당첨 후의 삶을 생생하게 상상해보자. 지금과 당첨 후의 삶이 크게 차이 날수록 행복지수는 그에 반비례한다. 차이가 크다면 로또 당첨될 때까지 기다리지 말고 지금 바로 인생의 방향 전환을 모색하는 쪽이 현명하지 않을까? 그쪽이 로또 맞아 인생을 바꾸는 것보다 확률이 훨씬 높을 테니.

# 나는 행복한
# 불량품이다

시간의 주인으로 사는
느낌을 아는가? 감히
얘기하는데, 나는 안다.
매일매일 작가로서 하루의
시간을 온전히 나 스스로
통제한다. 이 해방감과
충만함을 맛본 사람은 다시
시간의 노예로 돌아갈 수
없다. 과연 이 행복을 누가
알까? 다시 태어나도 이
삶을 살 것이다. 이 모든
것은 내가 규격품의 삶을
거부하고 불량품이 되기로
결심했기 때문에 가능한
것들이다.

# 인간도
# 자본주의의
# 규격품?

현대사회는 자본주의 대량생산체제mass production다. 자본주의 시스템에서는 가치판단의 최종적·궁극적 기준이 돈이며, 자본은 더 많은 화폐를 추구하는 과정에서 끊임없이 이윤을 먹고 자신의 덩치를 키워나간다. 이런 자본의 속성을 DNA에 정확하게 새겨놓고 본능적으로 움직이는 행위자가 바로 기업과 기업가이다. 자본의 현신現身으로서 기업과 기업가는 더 많은 이윤을 벌어들이고 최단기간에 최소비용으로 최대한의 상품을 찍어내기 위해 전력투구한다. 단순히 인간의 필요에 의해서가 아닌, 자본의 이윤 증식을 위한 생산에 가장 부합하는 시스템이 바로 대량생산체제다. 그리고 자본주의 대량생산체제에 정확히 들어맞는 사물의 존재 형식이 있으니 바로 '규격품'이다.

## 규격품規格品

품질, 모양, 크기, 성능 따위를 통일된 규격에 맞추어 만든 물품

특정 상품을 대량생산하기 위해서는 일련의 생산과정이 궁극적 목적에 부합하도록 치밀하게 계획된다. 컨베이어 벨트의 속도, 각 작업마다 필요한 인원뿐 아니라 제조과정에 사용되는 수많은 부품의 모양이나 크기, 성능이 한 치의 오차 없이 사전에 조율되고 통일된다. 당장 우리 손에 있는 스마트폰을 보면 완성품 자체로서도 규격품이지만, 그 안에 들어가는 일체의 부품 역시 요구되는 규격에 맞게 제조된 것이다. 주위에 있는 물건들을 한번 둘러보라. 거의 대부분이 대량생산체제에 맞춰진 규격품이라는 것을 쉽게 확인할 수 있다. 만약 생산과정에서 조금이라도 정해진 규격과 다르다고 판명되면 불량품으로 분류되어 폐기처분된다.

이렇듯 규격품은 자본주의 대량생산체제에 가장 최적화된 사물의 존재형식이다. 규격화를 통해 각 사물의 개성을 없애고 목적에 부합하는 특정 기능만을 극대화시켜, 전체 완성품의 일부로서 자신이 맡은 역할만을 제대로 해낼 수 있도록 제작한다. 이런 조건하에서 인류는 생산력을 엄청나게 발전시켜 높은 수준의 소비생활이 가능해졌다. 한때 TV, 냉장고, 세탁기는 부잣집의 재력을 과시하는 사치품이었다. 하지만 지금은 규격화 및 대량생산체제를 통해 필수재

로서 거의 모든 가정이 소유하고 있다. 그야말로 규격품 전성시대라 하지 않을 수 없다. 이것만이 이야기의 전부라면 꽤 바람직해 보이 겠지만, 문제는 그렇지 않다는 데 있다. 인간은 어느덧 생명이 있는 것까지 규격화하기 시작했다.

공장식 축산업! 축산업자의 이윤추구라는 최종적 목표하에 소 나 돼지, 닭 같은 동물의 삶이 치밀하게 규격화된다. 그 구체적인 양상을 살펴보자. 비용절감을 위해서는 가능한 한 많은 개체를 제 한된 공간 안에 몰아넣어야 한다. 이것을 밀집사육이라고 하는데, 넓은 토지가 필요한 방목사육에 비해 비용을 대폭 절감할 수 있다. 하지만 비용절감의 반대급부로 닭은 A4용지보다도 작은 공간에서 끊임없이 알을 낳아야 하고, 돼지들은 조금만 움직여도 서로 부딪 히며 심지어는 자유롭게 눕지도 못할 정도로 열악한 환경에 내몰 린다.

밀집사육 동물들은 정신적 스트레스와 열악한 위생상태 등이 원 인이 되어 질병에 쉽게 노출된다. 외계인이 이렇게 열악한 환경에서 인간을 가축으로 사육한다고 생각해보면 단번에 이해할 수 있을 것 이다. 사육동물이 심각한 질병에 걸리거나 사망하게 되면 축산업자 는 경제적 손실이 크기 때문에, 밀집사육 환경을 유지하면서도 질병 을 인위적으로 억누르기 위해 다량의 항생제와 살충제를 사용한다. 또한 키우는 데 소요되는 시간을 단축하고 사료비를 절감하기 위해 성장호르몬을 투여하기도 하며, 심지어는 초식동물에게 동물성 사료를 먹이기도 한다. 잘 알려져 있다시피 광우병 사태는 바로 이런 비상식적인 사육 여건에서 비롯된 것이다.

방목사육하는 소들은 자신들이 좋아하는 풀을 뜯으며 마음껏 초원을 뛰어다닌다. 하지만 이렇게 키워진 소는 지방이 적기 때문에 인간의 미각 신경세포에 그다지 즐거움을 주지 못한다. 때문에 소에게 풀이 아니라 인위적으로 곡물을 먹이고 좁은 공간에 가둬 움직이지 못하도록 통제한다. 이 과정을 통해 대리석 무늬와 같은 지방층(마블링)이 형성되며, 인간의 미각 신경세포에 최적화된 1++등급 규격품으로 거듭난다.

그런데 인간의 미각에 최적화된 1++등급 소가 최고의 규격품일지는 모르겠으나, 좋아하는 풀을 마음껏 되새김질하며 초원을 뛰어다닌, 그래서 인간의 미각을 충분히 만족시켜주지 못하는 '불량품' 소보다 행복하다고 할 수 있을까? 나는 소, 돼지, 닭이 아니라 인간인데 무슨 문제냐, 그저 맛있으면 됐지 무엇하러 머리 아프게 음식의 행복까지 고려하느냐, 사람도 살기 힘든 세상인데 동물복지까지 고려하는 것을 보니 참으로 한가하구나, 라는 비판이 들리는 것 같다. 나 역시 소고기 좋아하는 입장이기에 충분히 일리 있는 지적이라 생각한다(개인적으로 졸깃한 식감의 안창살, 갈빗살, 제비추리를 좋아하는데 모두 적당한 마블링이 형성된 부위들이다).

그런데 이런 규격화가 단지 동물이 아니라 인간에게도 적용되고 있다면? 인간 역시 규격품으로 다뤄지고 있다면?

# "저는
성공하고 싶지
않아요"

교수 : 어떻게 하면 대한민국 청소년 자살률을 줄일 수 있을까?

학생 : 학교를 안 가면 돼요.

교수 : 그게 무슨 말도 안 되는 소리냐. 학교를 안 간다니.

학생 : 집단 따돌림, 성적으로 인한 스트레스, 부모님과 선생들의 압박,
자유권 침해 등 모든 자살원인이 학교에 있잖아요.

교수 : …….

교수 : 학교를 안 다닌다면 교육은 어떻게 받지?

학생 : 저는 학교를 11년 동안 다녔는데 훈련받은 적은 있지만 교육받은
적은 단 한 번도 없어요.

교수 : 교육을 안 받았다면 선생들은 너희들에게 뭘 가르치지?

학생 : 인생을 포기하는 법이요.

교수 : …….

학생 : 사람은 태어날 때부터 각자의 개성과 재능을 가지고 태어난대요. 그런데 그 많은 개성과 재능을 공부로 통일시켜 강제로 교육시키는 게 대한민국이에요. 그렇게 인간성 다 무시하면서 되지도 않는 공부시켜서 성공하는 놈들은 겨우 상위 1~2%들인데. 우리나라 사회는 저 1~2%만 기억하지 나머지 98%는 아무도 기억하지 않아요. 분명 저 98% 중에도 1~2%들이 가지지 못한 엄청난 재능을 가지고 있는 애들이 있을 텐데 말이죠.

교수 : 꼭 상위 1%들만이 성공하는 건 아니란다. 노력만 한다면 분명 그 누구도 성공할 수 있어.

학생 : 전 성공하고 싶지 않아요.

교수 : 그럼 네가 바라는 게 성공이 아니라면 뭐지?

학생 : 행복해지고 싶어요.


언젠가 인터넷 공간에서 회자되던 글이다. 서울대학교 교수와 고등학생의 대화라고 하는데, 이 글을 보며 자연스럽게 공장식 축산업이 떠올랐다. 열악한 사육환경에 노출된 동물들은 스트레스로 인해 이상행동을 보인다. 돼지는 서로 꼬리를 물어뜯고 닭은 서로 머리를 쪼아대며 스트레스를 못 이겨 자해하기도 한다. 축산업자는 이런 일을 미연에 방지한다며 돼지의 어금니와 꼬리를 자르고 병아리의 부

공장식 축산업에서 돼지들이 서로 꼬리를 물어뜯고 닭이 서로
머리를 쪼아대는 것, 학교현장에서 아이들이 폭력을 행사하고
약자를 집단으로 괴롭히는 것, 이 두 가지가 과연 별개의
현상일까?

리를 뭉툭하게 잘라놓는다. 하지만 미봉책일 뿐 동물들의 스트레스가 없어지는 것은 아니다.

학교폭력과 집단 괴롭힘 및 청소년 자살문제가 심각한 사회문제로 대두된 지 이미 오래다. 중고등학교에 초청되어 강의를 하는 경우가 있는데, 오랜 경력의 교사와 얘기를 나누다 보면 아이들이 갈수록 폭력적 성향이 강해진다고 하나같이 우려를 표한다. 공장식 축산업에서 돼지들이 서로 꼬리를 물어뜯고 닭이 서로 머리를 쪼아대는 것, 학교현장에서 아이들이 폭력을 행사하고 약자를 집단적으로 괴롭히는 것, 이 두 가지가 과연 별개의 현상일까? 우리나라의 교육환경은 공장식 축산업의 인간 버전, 한마디로 인간 사육장이나 다름없다는 증거 아닐까? 인간도 동물이라는 사실을 우리는 쉽게 망각한다.

# "모든
# 사람은
# 천재다"

오해가 있을까 봐 말하지만, 학교 자체가 쓸모없다는 의미는 아니다. 인류는 지식 전승을 통해 이전보다 더욱 성숙한 문명을 만들었으며, 학교는 인류가 축적한 지식을 다음 세대로 전달하는 중요한 기능을 담당한다. 다만 여기서 다루고자 하는 바는 인간을 규격품으로 만드는 지금의 학교 모습이다. 오른쪽 페이지 만화를 보자.

말풍선 안의 영어 문장을 우리말로 번역하면 다음과 같다.

For a fair selection everybody has to take the same exam: please climb that tree.

공정한 선발을 위해 모두 똑같은 시험을 치러야 합니다. 저 나무 위로 올라가세요.

까마귀, 원숭이, 펭귄, 코끼리, 붕어, 물개, 개에게 나무에 올라가라는 똑같은 시험문제를 내는 것이 과연 '공정한' 일일까? 원숭이나 까마귀는 나무 위로 올라가는 시험이 어렵지 않겠지만, 붕어나 물개는 도대체 무슨 수로 나무에 올라갈까? 붕어나 물개는 원숭이나 까마귀보다 헤엄을 훨씬 잘 치지만, 나무에 오를 수 있을 정도로 잘 발달된 발과 다리는 없다. 이렇게 종種의 차이를 고려하지 않고 획일적인 기준을 들이대며 평가한다면, 그것은 얼마나 비합리적이며 어리석은 처사인가.

인간이라는 동일한 종種 내에서도 개체마다 유전자 조합이 판이하다. 그런 이유로 사람마다 타고난 적성, 능력, 성격 등이 상이하다. 어떤 이는 스포츠에 재능을 보이고, 누군가는 타인과 공감하는 데 놀라운 능력을 발휘한다. 일부 사람들은 단편적 지식을 암기해 객관식 문제 푸는 데서 두각을 나타낼 수 있다. 까마귀, 원숭이, 펭귄, 코끼리, 붕어, 물개, 개가 다르듯 인간이라는 종 내부에서도 개체들 사이에 다양성이 존재하는 것이다. 그런데 교육현장의 현재 모습은 어떠한가? 나무에 오르라는 획일적인 잣대로만 학생들을 평가하고 줄세우고 있는 것은 아닌지. 천재 과학자 앨버트 아인슈타인의 다음과 같은 일갈이 떠오른다.

"모든 사람은 천재다. 그런데 나무 타기 능력으로 물고기를 평가한다면, 물고기는 평생 자기가 바보라고 생각하며 살 것이다."

# 기업의 논리가
# 진리로 받아들여지는
# 세상

공장식 축산업에서 소고기를 마블링 등급으로 나누듯, 학교현장에서는 입시성적과 대학서열로 학생들의 등급을 매긴다. 촘촘하고 풍성한 1++등급 마블링을 목표로 소를 극한상황으로 몰아붙이듯, 학교에서는 입시성적을 끌어올리기 위해 끊임없이 학생들을 다그치고 닦달한다. 입시성적이라는 마블링 형성을 위해 학생들은 매일같이 별 보고 나가서 별 보고 들어오는 생활을 지속한다. 공장식 축산업과 교육현장이 이렇듯 닮아 있는 이유는 무엇일까? 목적이 동일하기 때문이다. 비싸게 팔리는 고기가(인간이) 될 것. 그것을 위해 마블링(입시성적)이라는 기준에 맞춰 자신을 규격품으로 만들 것. 동물(인간)이라는 존재가 돈에 종속되면서 발생하는 안타까운 비극이요 참사다.

모든 것이 돈을 중심으로 돌아가는 사회에서는 결국 돈을 많이 가진 사람이 권력을 쥐고 사회를 통제하기 마련이다. 자본주의 사회에서 이런 힘을 지닌 세력은 기업을 소유한 자본가 계급이며, 이들은 자신의 필요에 따라 인간을 구매(고용)한다. 소고기가 인간의 미각을 만족시켜야 하듯, 취업준비생들은 기업을 소유한 자본가의 입맛에 맞느냐 그렇지 않느냐로 등급이 갈린다. 대부분의 자본가는 시키는 대로 고분고분 일 잘하고 튀지 않으며 애사심을 갖고 필요에 따라서는 자발적으로 야근에 철야도 불사할 수 있는, 그런 류의 사람을 원한다. 자본가들이 회사 업무를 자동화하고 로봇을 배치하려는 이유는, 바로 그런 영혼 없는 일꾼(규격품)을 원하기 때문이다. 인간 중에서도 기왕이면 규격품으로 선별해서 고용했는데, 이제 진짜로 영혼 없는 규격품이 등장하니 이래저래 불편한 인간 따위는 거들떠볼 필요조차 없어진 것 아니겠는가.

유명 SF 작가 아이작 아시모프가 정의한 로봇의 세 가지 원칙이 있다.

1. 로봇은 인간에게 해를 가해서는 안 된다. 또한 인간이 위험에 처했을 경우 구조해야 한다.
2. 로봇은 1조에 위배되지 않는 한, 인간의 명령에 복종해야 한다.
3. 로봇은 1조와 2조에 위배되지 않는 한 자신을 지켜야 한다.

주인인 인간을 위해 종복인 로봇이 취해야 할 행동방식을 정한 원칙인데, 이 내용을 통해 인간과 로봇의 명백한 주종관계를 확인할 수 있다. 세 가지 원칙에서 로봇을 노동자로 바꾸고, 인간을 기업으로 바꿔보자.

1. 노동자는 기업에게 해를 가해서는 안 된다. 또한 기업이 위험에 처했을 경우 구조해야 한다.
2. 노동자는 1조에 위배되지 않는 한, 기업의 명령에 복종해야 한다.
3. 노동자는 1조와 2조에 위배되지 않는 한 자신을 지켜야 한다.

내용에 무리가 없고 자연스럽다. 우리가 살고 있는 현실과 잘 맞는다는 얘기다. 그렇다면 이번에는 로봇을 기업으로, 인간을 노동자로 바꿔보자.

1. 기업은 노동자에게 해를 가해서는 안 된다. 또한 노동자가 위험에 처했을 경우 구조해야 한다.
2. 기업은 1조에 위배되지 않는 한, 노동자의 명령에 복종해야 한다.
3. 기업은 1조와 2조에 위배되지 않는 한 자신을 지켜야 한다.

내용이 어색하다. 현실과 맞지 않기 때문이다. 자본주의 사회에서 기업과 노동자 간의 주종관계는 이렇듯 명백하다. 기업의 이윤 증대를 위해 반값 떨이로 팔리는 '비정규직' 노동자들, 기업의 이윤 추구에 도움이 안 된다는 이유만으로 집에서 놀고 있는 수백만 실업자들의 존재를 우리는 잘 알고 있다. 기업의 경영상 어려움을 이유로 멀쩡히 일하던 수많은 노동자들이 정리해고로 대책 없이 일자리를 잃기도 한다.

혹자는 기업이 이윤을 내야만 경제가 돌아가고 사람들이 먹고살 수 있으니 어느 정도의 부작용은 불가피한 일 아니냐고 반론을 펼지도 모르겠다. 그런데 수십만 년 인류가 걸어온 발자취를 살펴보면 '기업'이라는 특수한 조직이 '이윤'을 내면서 활동한 시기는 수백 년에 지나지 않는다. 인류는 대부분의 기간 동안 기업이라는 조직이 이윤을 내지 않아도 먹고살았다. 이해를 돕기 위해 이런 예를 들어볼까? 일군의 사람들이 어떤 이유로 갑자기 무인도에 살게 되었다. 먹고살려면 수렵·채집 및 농사 등의 활동을 해야 한다. 그런데 경제를 좀 안다고 거들먹거리는 사람이 '이보세요들, 여기서 우리가 수렵·채집을 하거나 농사를 짓는 것은 비효율적입니다. 이윤이 나지 않잖아요'라고 한다면 얼마나 황당한가. 기업이 이윤을 내야만 경제가 돌아갈 수 있다는 얘기는 그야말로 환상과 신화다. 다만 무슨 이유에서인지 지금은 그것이 마치 당연한 것처럼 받아들여지고 있을 뿐이다.

수많은 사람들이 기업의 논리, 자본가 계급이 내세우는 논리를 마치 불변의 진리인 양 받아들이며 그들이 요구하는 모습대로 스스로를 주조한다. 이런 과정을 통해 우리는 기업 맞춤형 휴머노이드로 육성되고 있는 것은 아닌지….

# 누구도
# 그런 질문을 내게
# 하지 않았다

SF소설이나 영화에서는 종종 인간처럼 자의식과 자유의지를 지닌 로봇이 등장한다. 이 로봇들은 어느 순간 아시모프가 얘기한 로봇 3원칙과 갈등을 겪는다. 자신(로봇)은 분명 자의식과 자유의지를 지닌 독립적 존재임에도 타자(인간)에 종속되어 그들의 지시대로 행동하도록 통제되기 때문이다. 반면 인간은 로봇이 '자아'를 갖는 것을 매우 경계한다. 로봇이 자칫 자신의 처지에 분노해 인간에게 반기를 들지 모르기 때문이다. 로봇이 지속적으로 인간을 섬기는 존재로 남기 위해서는 로봇에게 '영혼'이 없어야 한다.

자본주의 사회에서 자본가와 노동자의 관계도 이것과 크게 다르지 않다. 인간이라는 존재를 기업의 이윤추구라는 목적에 철저하게 종속시켜야 하는 자본가로서는 '영혼'을 가진 규격외 노동자가 불편할 수밖에 없다. 영혼을 지닌 사람은 타인의 목표와 사정에 자신의 삶을 종속시키지 않기 때문이다. 그런 이유로 노동자가 영혼을 갖지 못하도록 하는 것은 자본가 계급에게 매우 중요한 과제다. 사육되는 동물이 영혼을 가지기 원하는 축산업자는 없을 테니.

한 인간이 자의식을 형성하고 사회를 보는 관점을 확립하는 데는 교육이 중요한 역할을 한다. 인간은 교육과정을 통해 일련의 지식을 접하는데, 특히 인문학과 사회과학은 인간의 본질, 그리고 사회현상을 탐구하는 학문으로서 독자적인 위상을 갖는다. 우리는 인문학을 통해 스스로의 존재에 대해 성찰하고, 사회과학을 통해 인간이 모여 이룬 사회에 대한 통찰을 얻는다. 이를 통해 한 인간은 스스로에게 다음과 같은 질문을 던질 수 있는 존재가 된다.

'나는 무엇을 위해 사는가? 가치 있는 삶이란 무엇인가?'

만약 판매용 고기소나 산란계가 스스로에게 이런 질문을 던질 수 있다면 축산업자들에게는 재앙이나 다름없을 것이다. 하지만 고기소나 산란계는 그런 지적 능력을 갖추지 못했다. 때문에 별다른 의심이나 저항 없이 축산업자의 의도대로 규격품의 삶을 살아간다. 하지만 인간은 소나 닭과는 차원이 다른 두뇌를 보유하고 있다. 그 고도로 발달한 두뇌를 활용해, 불편하지만 존재의 본질을 파고드는 질문을 스스로에게 던질 수 있는 잠재력을 갖고 있다. 인문학과 사회과학은 인류가 오랜 기간 이러한 질문에 대한 나름의 답을 모색하는 과정에서 탄생하고 성장한 학문이다. 때문에 '진정한' 인문학과 사회과학은 본질적으로 불온할 수밖에 없다.

인간을 돈에 종속시키며 인간의 활동을 기업의 이윤추구라는 목적에 국한시켜야 하는 사회에서는, 인문학과 사회과학이 갖는 이러한 성격과 특성이 불편할 수밖에 없다. 그렇기 때문에 자본가 계급은 돈의 힘을 동원해 교육현장에 막대한 영향을 끼치며 미래의 노동자, 다시 말해 사축社畜이 영혼을 갖는 것을 미연에 방지한다. 근래 대학가의 분위기를 보면 기업이 선호하는 공과대학이나 경영대학은 날마다 새로운 건물이 들어서는데, 인문대나 사회대는 실용적이지 않다는 이유로 재정 지원이 급감하고 심지어 학과 자체가 폐지되는 일도 빈번하지 않은가.

오해가 있을까 봐 첨언하자면, 공과대학이나 경영대학 같은 실용적 학문을 폄하하려는 것은 아니다. 실용적 학문에 대한 그 어떤 피해의식에서 이런 얘기를 하는 것도 아니다. 나 자신이 대학에서 공학을 전공했으며, (비유가 적절할지 모르겠으나) 마블링 등급으로 비유하자면 공학 분야에서 1++등급에 해당하는 최상급의 고기였다. 그런데 돌이켜 보면 학부와 대학원에서 적지 않은 기간을 공대생으로서 강의를 듣고 수많은 책을 봤음에도, 단 한 권의 책도 단 한 사람의 교수도 나에게 이런 질문을 던지지 않았다.

'당신은 무엇을 위해 사는가? 가치 있는 삶이란 무엇인가?'

# 국가정보원
# 신고
# 사건

어쨌든 자본가 계급의 이러한 의도는 꽤 잘 먹히고 있는 것 같다. 대학교육은 '실용화'라는 명목하에 기업의 이윤추구에 알맞은 유전자 보유자를 가려내고 육성해 '미래형 인재'라는 규격품으로 출하한다. 우리나라 교육현장은 대학을 정점으로 하는 위계체계를 갖고 있는데, 위계체계의 최고 정점에 위치한 대학교 입시를 통해 초등, 중등, 고등학교 가릴 것 없이 경쟁과 서열화의 분위기가 퍼졌다.

그런데 교육현장의 이런 분위기가 우리나라만의 문제는 아닌 것 같다. 우연히 읽게 된 미국 작가 데릭 젠슨의 글쓰기 책 《네 멋대로 써라》에서 예상치 않게 다음 내용을 접하고는 무척 놀라면서도 공감했던 기억이 난다.

교육체제가 학생들의 영혼을 파괴한다고 하면 놀랄지 모르겠지만, 사실을 알면 더 놀랄 것이다. 애당초 교육 목표는 그거였다. 이것을 내 말로 하지 않고, 그 체제를 세운 사람들한테서 말을 빌려와 보자. 1888년, 상원 교육위원회는 표준화되지 않고 지역화된 학교들(그곳에서는 선생들이 학생들에게 스스로 생각하라고 실제로 가르쳤다!)이 제공하는 교육의 높은 질에 건몸 달아서는, "우리는 교육이 지난 몇 년 동안에 노동계급들에서 나타나는 불만의 주요 원인들 가운데 하나라고 믿습니다"라고 보고했다.

산업 교육자들은 이 문제를 바로잡는 일에 착수했다. 어떻게? 산업 교육자이자 철학자인 존 듀이가 말했다. "모든 선생은 자기가 올바른 사회질서를 유지하고 알맞은 사회적 성장을 보장하기 위하여 따로 마련된 사회적 종복임을 깨달아야 한다."

올바른 사회질서란 뭐고, 알맞은 사회적 성장은 뭐냐? 1906년에, 훗날 스탠퍼드에서 교육대 학장이 된 엘우드 커벌리가 대답을 내놓았다. 학교는 공장이어야 된다는 것이다. "그 공장에서는 원료인 학생들을 주무르고 틀에 부어 최종 생산물로 빚어내게 될 것이다. (…) "(학생들) 백 명 가운데 아흔아홉 명은 자동인형이고, 정해준 길로 주의를 기울여 걸어 들어 가고, 정해준 관행을 주의해서 따른다. 이것은 우연한 일이 아니라 효과적인 교육의 결과이다. 그 교육이란, 전문용어로 정의하면, 개체의 포섭이다."

_《네 멋대로 써라》(데릭 젠슨 지음, 김정훈 옮김, 삼인)

데릭 젠슨은 대학에서 학생들을 가르치며 느낀 바가 있어 이런 글을 썼을 것이다. 한국이든 미국이든, 그것이 어느 나라이든 규격품을 만드는 획일화된 교육에 노출된 학생들은 자신의 머리로 생각하는 방법을 제대로 길러내지 못한다. 시험문제에서 제시하는 몇 가지 선택지 중에서 답을 고른 후, 채점을 하며 누군가가 만든 모범답안이라는 것에 자신의 두뇌를 끼워 맞출 뿐이다. 이런 교육을 받은 학생들은 사물이나 사건, 현상이 다양한 관점에서 조명될 수 있음을 제대로 이해하지 못하며, 다른 가능성이나 주장에 대해 열린 마음과 관용적 태도를 갖기 어렵다. 사지선다형 객관식 문제에 그 어떤 열린 가능성이 존재할 수 있겠는가. 다양성이 배제된 사회에서는 그 어떤 변화나 발전을 기대할 수 없는 것이다.

나 역시 대학에서 학생들을 가르치는데, 작금의 교육 현실이 학생들의 행동에 어떤 영향을 끼치는지 실제 경험을 통해 절감했다. 특히 내가 겪은 사건은 워낙 황당무계하다 보니 기사화되어 포털 사이트 메인화면을 장식했는데, 지금 다시 떠올려도 어이가 없어서 허탈한 웃음만 나온다.

때는 2013년 9월 6일 금요일, 경희대학교에서 2학기 첫 강의가 있는 날이었다. 내가 가르치는 수업은 2학점짜리 교양과목인 〈자본주의 똑바로 알기〉인데 마르크스 《자본론》과 철학을 다룬다. 강의실로 성큼성큼 걸어가는데 휴대전화가 울렸다. 경희대학교 관계자에게 온 전화였는데, 내용인즉슨 어떤 학생이 나를 국가정보원에 신고했다는 것이다. 2학기 첫 강의를 시작하기도 전이니 해당 학생이 강의라도 듣고 신고했을 리는 없고, 그렇다면 도대체 무슨 이유로 나를 신고했단 말인가. 그저 책 쓰고 강의하고 애들 먹여 살리는 것에도 허덕이는 사람인데.

자초지종을 파악해보니 (일베로 추정되는, 그리고 내 수업도 듣지 않는) 1학년 학생이 마르크스의 사상을 다루는 강의가 학교에 존재하는 상황에 분개해서 벌인 일이었다. 게다가 해당 과목 강사인 임승수라는 사람은 《원숭이도 이해하는 자본론》《원숭이도 이해하는 마르크스 철학》 등의 저자인 데다 진보정당인 민주노동당 간부 경력까지 있으니 이런 사람은 국가정보원에 신고해서 아예 강의를 못 하게 만들겠다는 의도였던 것 같다. 해당 학생은 자신이 국가정보원 사이트에 접속해 신고하는 장면을 이미지 파일로 저장해 총장실, 학장실, 학교 행정실 등에 두루두루 메일로 보내면서, 이런 사람이 경희대학교에서 강의하도록 두어서는 안 된다는 취지로 항의했다고 한다.

처음에는 일베 학생과 국가정보원의 암묵적 연계일 가능성도 생각해보았다. 이를테면 국가정보원과 선이 닿아 있는 일베 학생이 국가정보원과 짜고 '선先 학생 신고, 후後 국가정보원 조사'라는 이단 콤보 공격을 감행하는 것이다. 하지만 아무리 국가보안법이 서슬 퍼렇게 살아 있다 하더라도 글 쓰고 강의하는 것이 활동의 전부인 사람을 무리하게 엮는 것은 어렵지 싶었다. 국가정보원에서 이단 콤보 기획작전을 펼 만큼 나를 주시할 것 같지도 않았고. 솔직히 그들이 보기에 피라미 한 마리 아닌가. 게다가 예기치 않게 기사화되어 세간의 이목이 집중되니, 만에 하나 그런 기획이 있었다 하더라도 섣불리 실행에 옮기기 어려운 상황이 되었다.

결국 단순한 해프닝으로 끝났고, 포털 메인화면에서 관련 기사가 배치된 덕분에 《원숭이도 이해하는 자본론》 판매가 급등하는 새옹지마로 이어졌다. 그래서 몇몇 사람들은 나에게 우스갯소리로 자작극 아니냐고 묻기도 했다. 신고당한 계기를 마련한 〈자본주의 똑바로 알기〉 강의는 (내 입으로 직접 얘기하기 민망하지만) 경희대학교 최고 인기강의 중 하나로 지금껏 계속되고 있다. 그러고 보니 요즘 책 판매가 좀 뜸한데, 누군가 나를 신고해주면 하는 마음이 살짝 들기도 한다.

물론 내가 겪은 일이 매우 특수한 사례일 수도 있다. 하지만 소위 학문과 자유의 전당이라고 일컬어지는 대학에서 이런 어처구니없는 일이 벌어지는 배경에는, 누군가의 입맛에 맞는 규격품을 찍어내는 핍진한 교육환경이 존재한다는 사실을 부정할 수 있는 사람은 별로 없을 것이다.

# 화폐로
# 교환되지 않는
# 시간

네 명의 젊은이가 둘러앉아 불판에 고기를 구우며 얘기를 나눈다.

"나는 단 한 번도 의심해본 적이 없어. 요요로 먹고살 수 있다는 생각은 단 한 번도 해본 적 없어."

"중요한 건 돈을 버느냐 마느냐 이거잖아. 판단 기준이 항상 그렇잖아."

"대회 나갔을 때도 상금 물어보잖아. 요요 대회 1등한 것까지는 기분이 좋아. 그런데 상금 얘기가 나와. 없다고 얘기를 해. 그다음부터 변명을 꺼내기 시작해. 상금이 없는 것에 대한 변명을 말이야. 우리가 왜 상금을 못 받느냐, 우리가 상금이 없는 이유가 뭐 이렇고, 그러면 사람이 주눅 드는 거야. 나는 그냥 대회 나가 1등 해서 사람들이 박수 쳐주고 공연하고 그걸로 충분히 만족하고 상금 안 줘도 되는데… 사람들이 상금 얼마냐고 물어봤을 때 거기서 갑자기 주눅이 드는 거야."

EBS 〈지식채널e〉 시청자 참여 공모전에서 대상을 받은 '요즘을 묻는 당신에게'라는 짧은 영상의 도입부다. 요요 거리공연을 하는 대학생들 이야기를 담았는데, 한마디 한마디가 가슴을 파고들어 강연할 때 종종 활용한다. 영상 속 청년들은 영화 〈용쟁호투〉에서 이소룡이 쌍절곤을 돌리듯 요요로 기기묘묘한 기술을 보여준다. 그러고 보니 어린 시절 만화영화 〈이상한 나라의 폴〉의 주인공이 요요를 무기로 써서 한창 요요 붐이 일기도 했는데, 영상 속 청년들은 어떤 계기로 요요에 입문했는지 살짝 궁금하기도 하다. 돈 얘기를 하면서 주눅 들어 있던 청년들은 공연 얘기가 화제에 오르자 한껏 상기된 표정으로 말한다.

"그냥 길 가던 사람을 세워서 30초, 1분, 5분만 보여주더라도 어떤 마음에 조그만 감동, 그런 거라도 줄 수 있는 것이 이것(요요)의 장점인데. 무아지경까지는 아니더라도 그 느낌이 너무 좋은 거야."
"내가 좋아하면 사람들이 더 좋아하는 것 같아. 내가 신나면 그 공연이 더 잘돼."
"언제 그런 느낌을 느껴보겠으며 몇 명이나 그런 느낌을 느끼면서 살까?"

두 장면이 머릿속에 겹쳐지면서 문득 삶에는 두 가지 시간이 있다는 생각이 들었다. 화폐와 교환되는 시간, 그리고 화폐와 교환되지 않는 시간. 대다수 사람들은 화폐로 교환되지 않는 시간은 낭비이며 쓸데없다는 식으로 취급한다. 요요 거리공연하는 청년뿐만 아니라 자신만의 꿈을 가진 21세기 대한민국 청년들은 이런 사회 분위기 속에서 어느 순간 다음과 같은 질문에 부딪힌다.

"그거 해서 얼마 버는데?"

열심히 요요 기술을 갈고닦은 시간, 관객들과 유쾌하고 행복한 감정을 나눴던 거리공연의 시간은 안타깝게도 화폐로 교환되지 않았다. 요요의 달인들은 느닷없는 질문 앞에서 어깨에 힘이 빠진다. 그렇다고 "힘내시라" "꿈을 포기해선 안 된다" "사람은 자신이 좋아하는 일을 하면서 살아야 한다" 따위의 말을 무심코 내뱉기에는 현실의 무게가 만만치 않다. 이러건 저러건 우선 먹고살아야 하니까. 서점 어디에나 널려 있는 자기계발서처럼 "생생하게 꿈꾸면 현실이 된다" "진심을 다해 노력하면 성공하고 부자 될 수 있다"는 허황된 얘기는 양심상 못 하겠다. 그런 말을 할 정도로 철딱서니 없는 나이도 아니고. 요요를 해서 부자 될 확률이 과연 얼마나 될까? 나도 사회과학 책 쓰는 작가로 살면서 부자 되는 것은 진작 포기했는데.

그렇다면 화폐로 교환되지 않는 시간 따위는 아무런 의미도 없는 것인가? 아니다, 오히려 그 반대다. 예컨대 아이를 키우는 시간은

대다수 사람들은 화폐로 교환되지 않는 시간은 낭비이며
쓸데없다는 식으로 취급한다. 요요 거리공연하는 청년뿐만 아니라
자신만의 꿈을 가진 21세기 대한민국 청년들은 이런 사회 분위기
속에서 어느 순간 다음과 같은 질문에 부딪힌다.
"그거 해서 얼마 버는데?"

화폐로 교환되지 않는다. 되레 적지 않은 화폐가 소요된다. 그럼에도 불구하고 대부분의 부모는 화폐로 교환되지 않는 그 시간을 기꺼이 감내한다. 오히려 화폐로 교환되지 않는 그 시간을 통해 행복과 보람, 감동을 느낀다. 사실은 너무나 소중하고 간절한 것이기에 화폐와의 교환 여부는 따지지도 않고 시간과 자원을 투자하는 것이다. 그런 맥락에서 나의 삶, 그리고 주변인들의 삶을 찬찬히 살펴보면 화폐로 교환되는 시간보다 화폐로 교환되지 않는 시간에서 삶의 의미, 보람, 감동, 행복을 얻는 경우가 더 많다.

"사람들은 자기가 생각하는 거랑 다른 행동을 하면 철이 없다, 비현실적이다, 이렇게만 이야기하는데요. 별로 좋아하지 않는 일이나 하기 싫은 일을 억지로 하면서 사는 게 더 비현실적인 것 같아요. (요요를 하는 것이) 너무 좋아요. 정말 재미있고 사람들 만나는 것도 즐겁고, 얼마나 재미있냐고 물어보면 딱히 어떻게 설명해야 할지 잘 모르겠어요. 설명할 수 없는 부분이 있는 것 같아요."

어쩌면 요요 거리공연을 하는 청년들은 이제 거리공연의 순간들을 젊은 날의 추억으로 묻어두고 생업의 길을 찾아 나섰을 수도 있다. 솔직히 말해 그쪽이 가능성이 더 높을 것이다. 그렇다고 해서 그들이 요요공연을 했던 시간은 무의미한 것일까? 화폐와 교환되지

않았다는 이유만으로? 오히려 자신의 삶에 이런 종류의 시간조차
존재하지 않는 사람이 훨씬 불행한 것은 아닐까?

# '자신만의 답'을
# 갖고 있던
# 사람들

인간이란 무엇인가. 입으로 음식이 들어가고 뒤로 똥이 나오면 인간인가? 언제든지 로봇으로 교체되어도 그다지 빈자리가 느껴지지 않는 단백질 덩어리일 뿐이라면 과연 인간이라고 불러도 괜찮은가? 과학기술이 고도로 발달해 나를 완벽히 대체할 수 있는 단백질 로봇이 개발된다면, 그 로봇과 나는 도대체 무슨 차이가 있을까? 아무리 남들이 보기에 근사한 직업에 종사하며 때깔이 좋더라도 타인의 욕망과 필요에 속박되어 자신의 내면으로부터 올라오는 목소리는 외면한 채 하루하루 생물학적 욕망만을 충족시키며 다람쥐 쳇바퀴 도는 일상을 무한반복한다면, 사육되는 가축과 무엇이 다를까? 친환경 유기농으로 사육된들 가축은 가축이다.

'나는 무엇을 위해 사는가? 가치 있는 삶이란 무엇인가?'

이 질문에 대한 자신만의 답을 찾아낼 때에야 단백질 덩어리는 자신만의 고유한 색깔을 가진 진정한 인간으로 거듭난다. 그러나 겉모습만 인간인 규격품들은 종종 자신만의 고유한 색깔을 띤 존재를 무시하며 현실감각 없는 불량품으로 치부한다. 먹고사는 것과 무관한 일에 가치를 부여하고 노력을 기울이는 모습이 어리석다고 느끼기 때문이다. 과연 그런 면이 있다. 물리 세계의 법칙을 파악하기 위해 안간힘을 쓰는 과학자들, 일제에 저항한 독립투사, 사람의 마음을 감동시키기 위해 혼신의 노력을 다해 글을 쓰는 작가, 군부독재에 맞서 투쟁한 민주화운동가, 무분별한 개발로 파괴되는 환경을 보호하고 되살리려는 환경운동가, 사회 부정의와 부조리를 바로잡기 위해 투신하는 무명의 활동가들이 단지 생물학적 욕구를 충족시키기 위해 그런 일을 한 것은 아니니까.

이들은 '나는 무엇을 위해 사는가? 가치 있는 삶이란 무엇인가?'라는 질문에 대한 자신만의 답을 갖고 있다. 그렇기에 언뜻 보기에 전혀 수지타산이 맞지 않아 보이는 일에도 소신을 갖고 우직하게 매진한다. 중요한 것은, 이렇게 먹고사는 것과 무관해 보이는 행위를 통해 인간은 여타 동물과 구분되는 특별한 존재가 되었다는 점이다. 인간이 그저 생물학적 욕망의 중력에 속박되어 먹고 자고 싸기만 한다면 문화를 창조하고 문명을 건설할 수 없지 않았겠나.

소신 있게 자신만의 가치를 추구하는 사람은 삶에서 행복과 보람을 느낄 가능성도 더 높다. 솔직히 얘기해보자. 이 자본주의 사회에서 돈이란 놈이 얼마나 좋은가. 그런데 누군가가 돈보다 더 소중한 가치를 발견했다고 한다. 누가 뭐라든 그에게는 그것이 얼마나 중요하겠는가. 돈보다 소중하다는데! 그런 보석을 마음에 품은 사람은 차디찬 절망 속에서도 따스한 희망을 찾을 수 있는 힘을 갖게 된다. 앞선 세대들이 신변의 위협을 감수하면서 독립운동을 하고 투옥과 고문을 감내하며 군사독재와 싸울 수 있었던 것도, 그들이 그저 단백질 덩어리가 아니라 마음속에 보석을 품은 진정한 '인간'이었기 때문이다.

최근 젊은이들 사이에는 여러 가지로 힘든 현실에 좌절하는 분위기가 팽배해 있다. 사람들은 그 원인을 분석하면서 주로 그들이 처한 경제적인 상황, 예컨대 청년실업이나 과도한 대학 등록금 문제 등을 지적한다. 80년대 학번으로서 민주화 투쟁에 나섰던 기성세대들은 요즘 젊은이들이 너무 나약해 못마땅하다고 불만을 표하기도 한다. 자신들은 지금보다 훨씬 가난하게 살면서도 군사독재의 탄압에 맞서 민주화투쟁에 앞장섰는데, 요즘 젊은 것들은 잘 먹고 잘 입고 문화생활을 누리면서도 힘들다고 불평불만만 쏟아낸다는 얘기다. 일견 일리가 있는 비판으로 보이지만, 사실은 인간에 대한 몰이해에서 나오는 편협한 견해다. 인간은 단지 빵으로만 살아가는 존재가 아니기 때문이다.

80년대 학번들이 어려운 여건 속에서도 민주화 투쟁을 이끌 수 있었던 것은, 그 세대가 '나는 무엇을 위해 사는가? 가치 있는 삶이란 무엇인가?'라는 질문에 대한 명확한 답을 갖고 있었기 때문이다. 군사독재라는 모순이 명확한 상황에서, 최소한의 양심을 가진 피끓는 청춘이라면 어떤 입장을 취해야 할지는 준비된 모범답안처럼 명확했다. 대학생들은 수많은 학회와 동아리에서 인문학과 사회과학을 공부하며 인생관과 가치관을 벼려냈다. 그랬기 때문에 고문과 투옥도 감수하며 민주화 운동에 나설 수 있었으며 그로 인해 우리 사회가 진보할 수 있었다.

하지만 지금의 젊은 세대는 인생의 내비게이션을 상실한 세대다. 사회가 진보하고 민주적인 선거를 통해 정권이 탄생하면서 예전의 군사독재와 같이 즉각적으로 맞서 싸워야 할 적은 보이지 않는다. 경제는 이전보다 발전했다고 하나, 고용불안과 경쟁 분위기는 오히려 심해져서 대학은 사실상 취업예비학교로 전락했다. 어떻게든 살아남기 위해서 다양한 스펙을 쌓고 스스로를 다그치며 인생을 끌어왔는데, 막상 원했던 목적지와 가까워진다는 느낌은커녕 과연 잘 살고 있는지 의구심만 든다. 아무리 상황이 어렵더라도 믿을 수 있는 확실한 내비게이션만 있다면 가리키는 방향대로 따라가겠는데, 그동안 내비게이션으로 사용했던 자기계발서들은 갈수록 신뢰가 떨어진다. 자신의 인생을 어디로 이끌고 가야 할지 몰라 방향을 상실한 젊은이들은 막연한 공포와 불안감에 어쩔 줄을 모른다. 이것이 지금의 현실이다.

'나는 무엇을 위해 사는가? 가치 있는 삶이란 무엇인가?'라는 질문에 대한 자신의 답을 찾지 못한 세대, 이들에게 시급하게 필요한 것은 빵이 아니라 인생관과 철학이다.

# 순도
# 100%
# 불량품

비정규직 노동자 대상으로 마르크스《자본론》강의를 하는 일정이 있어 전철을 타고 이동 중이었다.

"선진일류국가, 튼튼한 안보가 뒷받침합니다. 국가정보원은 간첩, 좌익사범, 국제범죄, 테러, 산업스파이, 사이버안보 위협 신고 상담을 위한 111 콜센터를 운영하고 있습니다. 신고상담 전화는 국번 없이 111번입니다."

이 방송, 들을 때마다 정말 기분 더럽다. 왜 좌익사범만 있고 우익사범은 없는가? 우익은 괜찮고 좌익은 신고대상인가? 자타공인 순도 100% 좌익(좌파)으로 살아온 입장에서, 간첩, 테러리스트, 산업스파이와 동일한 취급을 받는 것 같아 그저 참담할 뿐이다. 사람들에게 좌파 사상을 가르치고 있으니 좌익사범左翼師範 맞지 않느냐고?

이 사람아! 좌익사범은 한자로 左翼事犯이다. 아무튼 부적절한 표현이라는 비판 여론 때문에 새로 제작된 방송에서는 '이적사범'으로 바뀌었다는데, 여전히 전철에서는 옛날 방송을 틀어준다.

그렇다. 나는 이 자본주의 세상에서 자타공인 순도 100% 불량품이다. 지하철 방송도 나를 툭툭 건드리고, 심지어 대학생이 나를 국정원에 신고한다. 내 인생역정을 접하는 사람들마다 좋은 대학 나와서 왜 그러고 사느냐고 한 소리 한다. 아무튼 불량품에도 마블링 등급이 있다면 1++ 등급을 훨씬 뛰어넘는 보기 드문 최상급의 불량품이라 하겠다. 내가 불량품이 된 이유는, 뭐 한마디로 책을 잘못 읽어서 그렇다.

대학 시절 마르크스의 《자본론》과 우리나라 근현대사를 다룬 책들을 읽으며 천지가 개벽하는 충격을 받았다. 그 책들은 나와 마주칠 때마다 도저히 외면할 수 없는 목소리로 '지금 이대로 살아도 괜찮은가?'라고 물었다. 누가 시켜서 읽은 것도 아니고 자발적으로 찾아 읽은 것이기에, 마치 브레이크 없이 내리막길을 내려가는 18톤 트럭처럼 거침이 없었다. 이렇게 인생의 내비게이션이 리셋되고 인생관과 철학이 바뀌자 사는 방식에도 변화가 일어났다. 2000년에 당원번호 14639번으로 민주노동당에 가입했다. 당시 국회의원 한 명 없는 작은 정당이었지만, 민주노동당 같은 진보정당이 성장해 구태의연한 보수양당 구도를 깨야 우리 사회에 희망이 있다는 생각에 망설임 없이 가입했다.

평일 낮에는 직장생활, 평일 밤과 주말에는 진보정치 활동이라는 이중생활을 지속하다가 2006년에 진보운동에 투신하겠다는 마음으로 직장을 그만두고 민주노동당 활동에 전념했다(사실 작가의 삶도 진보정치 활동의 일환으로 시작했다). 차별당하고 억압받는 이들의 투쟁에 적극적으로 연대하고, 중요한 집회마다 꼬박꼬박 참여하여 당 깃발을 들고 열심히 뛰어다녔다. 당 사무실에서 당원 한 명 한 명에게 전화 돌리며 참여를 독려하고, 지역당 홈페이지를 손수 제작했다. 당의 지침에 따라 지방선거에 후보로 출마해 뒤에서 1등을 하며 낙선의 고배를 마셨다. 경력이 어느 정도 쌓인 후에는 서울시당 교육부장을 맡아 서울 지역 당원들의 정치교육 프로그램을 기획하고 중앙당 집권전략위원회 기획위원으로 진보정당의 집권 로드맵을 고민하기도 했다.

그야말로 청춘을 통째로 바쳤다고 할 정도로 열심히 했다. 돈 되는 일도 아닌데 오히려 당비 내고 사비까지 털어가며 사서 고생하는 모습을 보면, 대부분의 사람들은 내가 도대체 왜 그러고 사는지 이해하지 못할 것이다. 그런데 어쩌겠는가. '나는 무엇을 위해 사는가? 가치 있는 삶이란 무엇인가?'라는 질문에 대한 자신만의 답을 모색하다가, 삶에서 돈보다 더 소중한 가치를 발견한 인간의 모습이 이러한 것을. 물론 힘들고 지칠 때도 있었지만, 그 무엇보다 소중한 나의 삶을 내가 진정 원하는 시간으로 채우니 하루하루가 보람차고 행복했다.

그렇지만 한편으로는 민주노동당 활동을 하면서 현실의 높은 벽과 마주칠 때도 많았다. 당의 역량이 미약하고 부족한 것도 있겠으나, 기본적으로 사람들이 좌파에 대해 심각한 편견과 오해를 갖고 있었다. 민족분단의 아픈 현실과 보수적인 교육 및 미디어 환경 탓이 크지만, 그럼에도 이런 여건을 도외시하고 무작정 당 활동에만 매진하는 것도 소모적이라는 생각이 들었다. 대중의 의식이 바뀌어야 진보정당이라는 나무가 잘 자라날 수 있으니, 결국 그런 토양을 만드는 일이 시급하다는 생각에 이르렀다. 물론 의식이 바뀌었다고 모두가 운동가적 마인드를 갖고 살 수는 없다. 하지만 남녀노소 불문하고 깨어난 사람이 사회 곳곳에서 늘어난다면, 그만큼 세상이 진일보하고 진보정당이 성장할 수 있는 여건이 마련된다. 세상을 바꾸는 주체도 민중이고 세상을 바꾸는 힘도 민중 속에서 나온다고 하는데, 그 민중의 의식이 바뀌지 않는다면 어떻게 세상이 바뀔 수 있겠는가.

그래서 분명한 목적의식을 가지고 대중이 쉽게 읽을 수 있는 사회과학 책을 쓰기 시작했다.《차베스, 미국과 맞짱뜨다》《원숭이도 이해하는 자본론》《원숭이도 이해하는 마르크스 철학》《세상을 바꾼 예술 작품들》《청춘에게 딴짓을 권한다》등의 책은 그런 문제의식 속에서 집필한 책들이다. 솔직히 내 경우는 글 쓰는 일 자체를 좋

아했다기보다는, 글이 세상을 바꾸는 훌륭한 무기임을 깨닫고 적극
적으로 활용하게 된 사례에 해당한다.

# 사회과학
## 작가의
## 생계

만약 마르크스《자본론》이나 철학이 국어, 영어, 수학처럼 대학입시의 주요 과목이 된다면 어떤 일이 벌어질까? 강남 학원가에서는 스타 강사들이 마르크스의 사상을 가르치며 수억원대의 연봉을 벌어들이고, 마르크스의 사상을 가르치는 개인과외도 성행할 것이다. 관련 교재와 대중서가 불티나게 팔리고《엄마표 마르크스》《소문난 마르크스 공부법》《실전 모의고사 마르크스》등의 책들이 서점 매대에 빼곡히 진열될 테지. 나는《원숭이도 이해하는 자본론》으로《수학의 정석》이나《성문 영어》처럼 초대박을 쳐서, 손가락이 모자라 발가락으로 돈을 셀 것이다. 생각만 해도, 후후후….

하지만 현실은? 알다시피 시궁창이다. 전철에서 마르크스의《공산당 선언》을 대놓고 읽다가는 반공 노인들에게 봉변을 당할 수도 있다. 경제학 전공 대학생이 마르크스 경제학에 관심을 가지면, 뭐 그런 시대에 뒤떨어진 이론에 관심을 가지냐며 별종 취급 받는다. 무려 기원전, 그러니까 2000년도 훨씬 더 전에 사마천이 써내려간 《사기》도 천연덕스럽게 읽는 사람들이, 19세기에 저술된 마르크스의 파릇파릇한 저작들은 말라비틀어진 미라 취급한다. 상황이 이렇게 열악한데도 누군가 마르크스의 사상을 통해 자신의 생계를 해결하려 한다면 매우 어리석고 비합리적인 행동일 터! 그렇다. 마르크스는 생계의 영역이 아니라 신념의 영역이다.

그런데 말이다, 이렇게 마르크스의 사상에 대해서는 아무도 생계 차원에서 관심을 가지지 않다 보니, 이런 악조건 자체가 오히려 마르크스로 생계를 해결할 수 있는 상황을 만든다. 솔직히 이 분야에서는 딱히 경쟁이랄 것이 없다. 남다른 신념을 갖지 않는 이상 아무도 생계 목적으로는 거들떠보지도 않는다. 이런 무無경쟁 환경을 통해 생존 가능한 블루오션 생태계가 조성된다. 시궁창에서도 꽃은 피어나더라. 대중이 쉽게 읽을 수 있는 마르크스 관련 책을 쓰고 강의를 하니, 부자는 될 수 없지만 그럭저럭 생계는 해결된다. 나처럼 목적의식을 갖고 사회과학 대중서적을 집필하는 사람이 거의 없다 보니, 노동조합이나 사회단체, 혹은 운동조직 구성원들이 마르크스의 사상이나 진보적인 내용을 공부할 때 이래저래 내가 쓴 책을 활용한다.

이렇게 틈새시장을 통해 책이 꾸준히 알려지다 보니, 저자로서 이곳저곳으로부터 강의요청을 받는다. 노동조합, 사회단체, 도서관, 학교, 공공기관 등 다양한 곳에서 강의를 하는데, 대부분 내 책을 읽었거나 강의에 대한 소문 및 추천을 통해 연락을 취해온다. 책을 읽어준 것도 고마운데 직접 초청받아서 강의까지 하고 그 덕에 강연비 수입도 생기니 그저 감사하고 감사할 따름이다. 물론 기업에 초청되어 임직원을 대상으로 동기부여 강의를 하는 이들처럼 큰돈을 벌지는 못한다. 나를 초청하는 단체들의 특성상 대부분 금전적으로 여유가 없기 때문이다. 하지만 이렇게 한 푼 두 푼 모이는 강연비는, 책 인세만으로는 생계유지가 불가능한 사회과학 작가에게 크나큰 도움이 된다. 티끌 모아 태산까지는 아니어도 동네 뒷산 정도는 가능하더라. 나도 기업에 초청받아 강연하면 되지 않느냐고? 내가 어떤 사람인지 잊은 것은 아닌지. 마르크스 책 쓰는 좌파 작가 불러서 자본주의 시스템의 은폐된 착취구조를 낱낱이 까발려 직원들 근로의욕을 감퇴시킬 수는 없지 않은가.

사회과학 글쓰기만으로는 아무래도 경제적으로 어려움이 예상되어,《글쓰기 클리닉》《삶은 어떻게 책이 되는가》같은 글쓰기 책도 썼다. 수익 구조 다변화 전략의 일환인데, 시기적절하게 출간되어 좋은 반응을 얻으니 이래저래 생계에 쏠쏠한 보탬이 된다. 어쨌든 꼬박꼬박 월급 받는 직장인과는 달리 수입이 불규칙적인 작가다

보니, 수시로 수입과 지출 규모를 파악해 규모 있게 사는 것이 매우 중요하다. 그런 이유로 매달 수입과 지출 내역을 확인하고 연말에는 한 해의 수입과 지출을 결산한다. 이런 식으로 따져보니, 내 또래 대기업 직장인 수입과 비교해 적게는 0.5배에서 많게는 0.7배 사이의 돈을 번다. 여기에 역시 전업작가인 아내의 수입을 더하면 그제야 대기업 직장인 한 사람의 수입이 된다. 부부의 수입을 합쳐야 또래 직장인 한 사람 몫을 한다니 솔직히 민망한 느낌도 있다. 하지만 사회과학 저자를 업으로 삼겠다고 결심했을 때 각오했던 것보다는 경제적으로 훨씬 나은 상황이라, 오히려 지금의 벌이가 작가 부부에게는 과분하다고 느끼기도 한다(물론 더 벌면 더 좋은 것은 두말하면 잔소리지만).

남들은 사회과학 작가 하다가 굶어 죽으면 어떡하냐고 걱정하는데, 내가 40대 중년이 되도록 주변에 굶어죽은 사람을 본 적이 없다. 실제 보거나 접한 적도 없는 그런 상황에 대한 막연한 두려움으로 진정 하고 싶은 일을 포기한다면, 그것보다 어리석은 일이 어디 있을까. 작가가 수입이 불안정하다고 하지만, 요즘 직장인도 미래가 불안정하기는 마찬가지다. 불안정한 수입은 그때그때 씀씀이를 조절하면 어느 정도 대응할 수 있다. 나나 아내나 물욕이 많은 사람도 아니고(하지만 요즘에는 와인 때문에 가산탕진 중이다). 게다가 작가 일은 하면 할수록 내공이 쌓이고 딱히 정년이랄 것이 없어서, 직장인이 정년퇴임할 즈음의 나이가 되면 오히려 더욱 존중받으면서 일할 수 있다.

물론 내 경험을 일반화시킬 수는 없다. 작가들마다 상황이 다르기 때문이다. 그렇다고 직접 경험하지도 않은 타인의 예를 들어서 얘기를 풀어나간다면 더욱 설득력이 떨어지지 않겠나. 결국 자기 경험으로 얘기할 수밖에 없다. 2006년에 내가 직장을 그만둘 때 주변 사람들이 우려하던 일은 일어나지 않았다. 심지어 꼬박꼬박 끼니를 해결한 덕에 배까지 나왔다. 수많은 사람들이 부풀어오른 내 배를 육안으로 확인했다. 아직도 못 믿겠다고? 당신 말 믿고 원하는 일 했다가 굶어 죽으면 책임질 거냐고? 당연히 책임 못(안) 진다. 하지만 더 확실한 얘기가 하나 있다. 내가 아는 좌파 활동가들도 대부분 배가 나왔다는 것이다. 내 눈으로 확인했다.

# 시간의
# 주인으로 사는
# 느낌

누가 뭐라든 우리 부부는 전업작가로 사는 지금의 삶이 이전과는 비교할 수 없을 정도로 만족스럽다. 물론 다른 맞벌이 직장인 부부는 우리보다 훨씬 많은 돈을 번다. 하지만 우리처럼 아이를 부모가 직접 키울 수는 없다. 육아를 누군가에게 맡길 수밖에 없으니 맞벌이 수입의 상당액을 육아를 위해 지출한다. 반면 우리 부부는 둘 다 전업작가라 기본적으로 재택근무다. 맞벌이 하면서도 아이를 직접 키우는 것이 가능하니 여타 맞벌이 부부와는 달리 육아 목적의 추가 지출이 발생하지 않는다. 게다가 아이는 자신을 그 무엇보다도 소중하게 여기는 부모와 상대적으로 많은 시간을 보낸다. 대부분의 심리학자들은 어린 시절의 경험이 인격 형성에 매우 중요한 영향을 끼친다고 지적한다. 아이의 그 민감하고 소중한 시기를 부모와 함께 나눌 수 있으니, 부모 입장에서 이 얼마나 감사하고 감격스러운 일인가.

그렇다고 우리 부부의 수입이 그렇게 나쁜 것도 아니다. 검소하고 규모 있게 가계를 꾸려나간다면(내가 와인을 자제하면), 생계에 불편하지 않은 액수다. 아이와 보내는 시간이 많다 보니 아내와 내가 시간을 내서 아이 공부하는 것을 봐주는데, 그러다 보니 따로 사교육비도 들지 않는다. 지방에서 초청강연 일정이 잡히면 종종 그것을 구실로 가족여행을 떠나기도 한다.

이번에는 외벌이 가족과 비교해볼까? 우리 가족은 경제적으로는 외벌이 가족과 비슷한 수준이면서도 외벌이 가정에 없는 큰 장점이 있다. 부부가 함께 전업작가로서 경력을 꾸준히 쌓아나간다는 점이다. 외벌이 가정은 아내와 남편 중 한 명이 전적으로 가사와 육아를 책임져야 한다. 전업주부가 인생의 꿈이라면 모르겠으나, 그렇지 않다면 결국 한쪽이 일방적으로 경력단절을 감수해야만 한다. 한쪽의 일방적 희생을 통해서 가정이 굴러간다면, 그것이 과연 바람직할까?(안타깝게도 우리나라에서는 대부분 여성이 희생을 감수한다. 가부장적 성차별이다) 그런 상황이 지속되면 돈 버는 쪽은 돈 버는 쪽대로, 전업주부는 전업주부대로 나름의 불만이 쌓일 수밖에 없다. 충족되지 못한 욕망은 아이에게 투사되며, 결국 아이의 적성과 취향에 대한 고려 없이 부모가 자신의 요구를 아이에게 관철시키는 상황이 벌어진다. 사람들은 자식이 행복한 것이 부모의 행복이라고들 얘기하는데, 정말 큰 착각이다. 거꾸로 되었다. 부모가 행복해야 자식이 행복한 것이다. 자식은 부모의 행복을 보며 행복하게 사는 법을 배운다.

그러고 보니 2006년에 첫 책 《차베스, 미국과 맞짱뜨다》를 출간했을 때와 지금을 비교해보면 나에게 정말 많은 변화가 일어났다. 오덕질도 꾸준히 하면 일가를 이룬다더니, 사회과학 저자로서 10년 넘게 활동한 성과들이 나오고 있다. 국민TV에서 진행한 팟캐스트 방송 〈임승수의 좌변기〉로 청취자들에게 과분한 사랑을 받았고, 경희대학교에서 〈자본주의 똑바로 알기〉 교양수업을 통해 대학생들에게 마르크스의 사상을 전하고 있으며, 내 책을 읽거나 강의를 들은 수많은 사람들과 페이스북으로 교류한다. 아내 역시 미술 분야 작가로서 책을 쓰고 강의하며 활발하게 활동한다. 2016년에 아내가 출간한 《화가의 마지막 그림》은 여러 곳에서 우수도서로 선정되고 미술 분야 도서로서는 이례적으로 판매실적도 좋다.

딱히 얼마를 벌어야 한다, 몇 권을 팔아야 한다는 것이 아니라 그저 이런 일을 하며 사는 것 자체가 꿈이고 희망이며 목적이었기 때문에, 원하는 삶을 살 수 있는 하루하루가 진심으로 행복하며 진정 내가 살아 있음을 느낀다. 나머지는 그저 감사한 선물일 뿐이다. 내가 멀쩡한 직장을 그만두고 사회과학 저자(저술 활동가)의 삶을 선택한 것을 보며, 사회진보라는 대의를 위해 희생하는 지식인의 모습을 떠올리는 분들이 있는데 솔직히 너무 민망하고 전혀 사실과도 맞지 않다. 왜냐면 희생한 것이 없기 때문이다. 굳이 따져보자면 계속 연구원을 했을 때 벌었을 추가 수입 정도를 희생한 것인데, 그 정도 손실에 비하면 이 삶을 선택한 이후에 얻은 것이 너무나 크다.

시간의 주인으로 사는 느낌을 아는가? 감히 얘기하는데, 나는 안다. 매일매일 작가로서 하루의 시간을 온전히 나 스스로 통제한다. 이 해방감과 충만함을 맛본 사람은 다시 시간의 노예로 돌아갈 수 없다. 과연 이 행복을 누가 알까? 다시 태어나도 이 삶을 살 것이다. 이 모든 것은 내가 규격품의 삶을 거부하고 불량품이 되기로 결심했기 때문에 가능한 것들이다.

그렇다. 나는 행복한 불량품이다.

# '불량품답게'
## 맨몸으로
## 정면돌파

인생이, 레벨업하는 RPG 게임의 실사판 같다고 느낄 때가 있다. 지금의 나는 첫 책을 썼던 2006년과 비교하면 여러 모로 성장했다. 마찬가지로 지금보다 한층 더 레벨업한 내년을 지향하며 오늘도 스스로를 버리고 있다. 불행인지 다행인지 사회과학 출판 분야는 워낙 먹잘 것이 없어서 뭔가 해보겠다고 들어오는 사람이 없다. 이렇다 보니 업계의 경쟁상대를 의식하고 비교우위를 점하기 위해 스스로를 레벨업하는 일 따위는 없다. 그렇지만 지금의 나와 내년의 내가 별 차이 없다면 1년이라는 시간을 허비한 꼴인데, 나 스스로에게 얼마나 한심할까. RPG 게임에서 그 지겨운 레벨 노가다를 하는 이유도, 다른 고레벨 캐릭터를 의식해서라기보다는 그저 내 캐릭터를 어제보다 더 성장시키기 위해서 아닌가.

그런 의미에서 나는 작가로서 또 한 번의 레벨업을 준비하고 있다. 바로 《원숭이도 이해하는 자본론》의 영어판 출간이다. 《원숭이도 이해하는 자본론》은 지금까지 내가 쓴 책 중에서 가장 판매량이 많다. 2008년 12월 초판 출간 이래 2017년 10월 현재까지 총 27쇄를 인쇄할 정도로 꾸준히 판매되는 사회과학 분야 베스트셀러이자 스테디셀러다. 그렇다 보니 영어권(미국, 영국)에 거주하는 한국 사람 중에도 이 책을 구해 읽는 경우가 종종 있다. 그중 몇몇 분과는 페이스북으로 얘기도 나눴는데, 어렵기로 소문난 마르크스 《자본론》을 정말 쉽게 풀어놓아 제대로 이해할 수 있었다며 고마움을 표하니 작가로서 무척이나 뿌듯했다.

개중에는 《자본론》을 이렇게 쉽게 풀어낸 책은 영어권 도서 중에서도 못 본 것 같다며, 영어권 번역 출간을 진지하게 권하는 분들도 있었다. 처음에는 그저 분에 넘치는 덕담이라고만 여겼는데, 찬찬히 따져보니 우리나라가 반도체도 팔고 스마트폰, 자동차도 수출하면서 책만 수출 못 할 이유는 없겠다는 생각이 들었다. 실제 《원숭이도 이해하는 자본론》은 2011년에 중국어로도 번역 출간되었으니, 영어권 번역 출간 역시 그리 어려운 일로 받아들일 이유가 없었다.

게다가 《원숭이도 이해하는 자본론》의 콘텐츠에 대해 매우 자신감을 갖고 있기도 하다. 2008년에 초판 1쇄가 출간된 이후 2016년 9월에 완전개정판이 나올 때까지 많은 부분이 보완되었고 책을 읽은 독자들의 반응도 상당히 좋다. 마르크스《자본론》해설서로 이례적인 판매량을 기록했으며, 대한민국에서《자본론》대중화에 기여했다는 운동가적 자부심도 갖고 있다. 수많은 영어권 책이 한국어로 번역 출간됐는데, 한국 작가의 사회과학 책 한 권쯤 영어권에 번역되는 것이 딱히 이상할 것 없지 않은가. 저자로서 책이 외국에서 번역되어 읽힌다는 것 자체가 가슴 벅찬 일인 데다가, 문화적 영향력이 큰 영어권이라면 더더욱 금상첨화고.

이런저런 기대에 부풀어《원숭이도 이해하는 자본론》을 출간한 한국 출판사 측에 영어권 번역 출간 의사를 밝혔다. 그런데 예상과 다르게 출판사 측에서 상당히 난색을 표했다. 한마디로 한국 출판계에서 전례가 없다는 것이었다. 자동차나 가전제품은 중국, 미국 가리지 않고 수출을 하니 책도 그럴 것이라 생각했던 나의 생각은 크게 빗나갔다. 기본적으로 미국이나 영국 같은 영어권 국가에서는 한국어 책에 전혀 관심이 없다. 설사 드물게 관심 있다 하더라도 대부분 소설 같은 문학 분야라고 한다. 입장 바꿔 생각해보니 그럴 만도하다. 영어권 출판사가 한국어로 쓰인 사회과학 책에 구태여 관심을 갖고 계약한다? 그리고 전문 번역가를 섭외해 정성들여 영어로 번역해 출간한다? 도대체 영어권 출판사가 무엇이 아쉬워서 그런 수고를 들이겠는가. 그들은 애초에 한국어라는 언어 자체에 관심이 없을 텐데.

이런 비유가 적절할지는 모르겠으나, 우리나라 출판사가 동남아시아나 아프리카, 혹은 중앙아시아의 '사회과학 서적'에 관심을 갖고 계약을 해 정성들여 한국어로 번역해서 출간한다? 얼마나 비현실적인가. 게다가 낡은 사상으로 취급되며 대중적 관심도도 낮은 마르크스 관련 책이다. 자국 저자들의 책도 판매가 저조한 분야인데, 굳이 한국어 책을 발굴해 계약해서 영어로 번역 출간한다? 내가 영어권 출판사 관계자라고 하더라도 뭔가 매우 특별한 계기가 있지 않다면 절대 하지 않을 일이다.

내가 고분고분한 규격품이라면 이 사실을 깨닫는 시점에서 영어권 번역 출간은 즉시 포기했을 것이다. 그런데 나는 불량품이다. 그것도 자본주의 사회에서 무려 순도 100% '좌익' 사회과학 저자, 즉 최악의 불량품이다. 불량품에게는 불량품만의 대응방식이 있다. 내가 선택한 방법은 정면돌파였다.

# 해외진출
## 프로젝트

영어권, 특히 최고의 시장 규모를 자랑하는 미국에서는 수많은 미국 작가들의 책이 하루가 멀다고 쏟아져 나온다. 그 작가들의 글이 딱히 한국 작가의 글보다 뛰어나서 미국 출판사가 책으로 출간해주는 것은 아니다. 미국 작가들의 원고는 영어로 되어 있기 때문에 미국 출판사는 해당 원고를 읽고 우수성과 시장성을 판단해 출간을 결정한다.《원숭이도 이해하는 자본론》이 미국 출판사에서 출간되기 위해서는? 나도 미국 작가들처럼《원숭이도 이해하는 자본론》원고를 통째로 영어로 번역해서 주면 된다. 그들이 읽어보고 판단할 수 있을 테니.

내 영어 실력은 일천하니 전문 번역가를 섭외해서 비용을 지불하고 번역해야 하는데, 한영번역 비용을 알아보니 영한번역과는 차원이 달랐다. 단행본 번역에 요구되는 고급 수준의 한영번역은 한글 단어수를 하나하나 따져서 번역비용을 계산한다.《원숭이도 이해하는 자본론》의 한글 단어수를 토대로 계산하니 번역비가 거의 800만 원이었다. 아무리 영어권 번역출간 의지가 강하다 한들, 은행잔고가 800만원보다 많은지도 불확실한 상황에서 번역비용에 현금 유동성 대부분을 동원하다? 만약 미국 출판사와 계약이 불발되면 번역비용은 전부 날리는데, 그야말로 미친 짓 아닌가. 나는 불량품이 맞지만, 그런 일을 저지를 정도로 미치지는 않았다.

그런데 인생이란 참 신기하다. 꼭 이럴 때면 절묘한 타이밍으로 돈이 생긴다. 우리 아파트 단지 앞에 대규모 브랜드 아파트가 들어서면서 일조권이 침해됐는데, 관련 보상금으로 계좌에 딱 800만원이 입금된 것 아닌가. 생계가 팍팍한 작가 부부 입장에서는 생활비에 보태는 것이 현명한 판단이겠지만, 그러기에는 입금된 타이밍이 너무나 절묘했다. 내가 달러 벌어서 호강시켜주겠다고 설레발 친 것이 통했는지, 아내도 별다른 반대 없이 쿨하게 허락해줬다. 번역자의 역량도 중요한데 다행히 좋은 분을 소개받아 수개월 만에 책 원고 전문을 성공적으로 번역했다.

이렇듯 큰 어려움 없이 일이 일사천리로 진행되어 드디어 미국 출판사에 투고하는 일만 남았다. 그런데 아뿔싸! 전혀 생각지 못한 난관에 부딪혔다. 기왕이면 출판계에서 영향력 있는 메이저 출판사에 투고하는 쪽이 좋겠다 싶어, 세계 최고의 출판사인 펭귄랜덤하우스 출판사 홈페이지에 접속했다. FAQ 메뉴에서 원고투고와 관련된 내용을 읽는데, 다음과 같이 적혀 있는 것 아닌가!

Penguin Random House does not accept unsolicited submissions, proposals, manuscripts, illustrations, artwork, or submission queries at this time.

한마디로 펭귄랜덤하우스는 개인의 원고투고는 받지 않는다는 의미다. 뭐? 내가 원고를 보내도 받지 않는다고? 알아보니 펭귄랜덤하우스뿐만 아니라 대부분의 영어권 메이저 출판사는 개인 원고투고는 아예 받지 않는다. 우리나라의 경우는 아무리 큰 출판사라 하더라도 누구나 개인적으로 원고투고가 가능하다. 반면 영어권은 워낙 출판시장이 크고 작가 지망생도 많다 보니 개인 원고투고 창구를 열어놓으면 감당 안 될 정도로 원고가 쏟아져서 이런 조치를 취한 것이다. 대신 literary agent라 불리는 대리인이 작가와 출판사 사이에서 일종의 관문지기gate keeper 역할을 하고 있었다. 메이저 출판사와 접촉하기 위해서는 일차적으로 이 대리인과 접촉해야 하고, 그에게 원고가 선택되어야 한다. 대리인은 이렇게 관문지기의 역할을 하며 작가의 인세 수입 중 일정 비율을 수수료로 받는다.

영어권 메이저 출판사에 원고를 투고하려면 대리인literary agent 과 접촉해야 한다는 얘기인데, 내가 미국에 있는 대리인 연락처를 알 리가 없지 않은가. 그래서 이리저리 알아보다가 해외 번역출간 을 중계하는 한국 에이전시를 통해 영어권 번역출간을 추진하는 쪽 으로 방향을 잡았다. 한국 에이전시들은 해외도서의 국내 출간 및 국내 도서의 해외 출간에서 중개 역할을 하며 수수료 수입을 얻는 데, 이 과정에서 영어권의 출판사 및 대리인들과도 일상적으로 연 락을 취한다. 장문의 이메일을 작성해 국내 유수의 에이전시 다섯 곳에 보냈는데, 그중 두 곳에서 답장이 와서 함께 일을 추진하게 되 었다(그중 한 곳은《원숭이도 이해하는 자본론》을 중국에 수출한 에이전시이 기도 하다).

에이전시에 번역출간 관련 제안서와 번역 원고를 이메일로 보내 고 상황을 지켜보는데, 뭔가 일이 제대로 추진되지 않는 느낌이 들 어 에이전시 측에 연락을 취했다. 상황을 알아보니 국내 도서의 수 출은 주로 중국, 대만, 일본, 동남아시아 같은 아시아 쪽에 집중되어 있으며, 영어권은 수출보다는 수입에 집중하고 있다는 것이다. 아주 드물게 영어권으로 수출되는 국내 도서도 문학 분야뿐이니, 에이전 시 역시 사회과학 도서에 관심을 보일 만한 영어권 대리인과는 접점 이 없었다. 다만 자비를 들여 책 원고를 통째로 번역하는 내 성의와 정성을 보고는 대놓고 거절하지 못한 것이다.

역시 세상일이란 그렇게 간단하지 않다. 한국 에이전시를 통해 영어권 메이저 출판사를 접촉하는 방법도 사실상 기대하기 어려운 것으로 드러났다. 이제 메이저 출판사는 포기하고 개인 원고 투고를 받는 중소규모 출판사 쪽으로 방향전환을 해야 할까?

# 꿈을 꿀 수
## 있었던
### 이유

《원숭이도 이해하는 자본론》의 한국 출판사인 시대의창에서는 영어권 번역출간을 추진하는 나에게 가능하면 꼭 메이저 출판사로 알아보라고 신신당부했다. 영어권 시장 규모가 크다고는 하나 그쪽 역시 사회과학 전문 출판사는 마케팅 역량이 제한적이라, 막상 번역출간 되더라도 판매가 기대에 못 미칠 수 있기 때문이다. 시대의창에서 번역출간해 한국에서 판매부수 10만 부를 훌쩍 넘긴《촘스키, 누가 무엇으로 세상을 지배하는가》의 원서가 미국 현지에서는 5000부 정도밖에 판매되지 않았다는 구체적인 예까지 들려주었다.

이렇다 보니 메이저 출판사 접촉을 쉽게 포기할 수는 없었다. 정방법이 없다면 다른 수를 고민해야겠지만, 작은 가능성이라도 있다면 거기에 억지로 손을 밀어 넣고 어떻게든 빠져나갈 구멍을 만들어야 하지 않을까. 결국 내가 직접 영어권 대리인literary agent과 접촉해야 한다는 결론에 이르렀다. 까짓것 구글 검색이면 못 찾을 것 없지 않은가. 그렇게 발견한 것이 바로 http://www.writersmarket.com/이다. 이 사이트는 유료 회원제로 운영되는데 회원비가 한 달에 5.99달러다. 회원이 되면 사이트의 정보를 열람하고 검색할 수 있는 권한이 주어지는데, 영어권 출판사와 대리인에 관한 방대하고 구체적인 정보를 보유하고 있다. 정치, 경제, 사회학을 관심분야로 선택해 검색하니 100명이 넘는 대리인 관련 정보가 일목요연하게 화면에 나타난다. 이 사람들이 모두 내 원고를 기다리고 있구나! 알겠소, 빨리 보내주겠소!

곧바로 이들에게 보낼 장문의 메일을 썼다(물론 한글로). 《원숭이도 이해하는 자본론》 영어판 번역자의 도움으로 메일 내용을 영문으로 변역해, 100명이 넘는 대리인들에게 일일이 번역출간 제안 메일을 보냈다. 그 메일 내용 일부를 옮긴다.

하지만 글을 쓰는 사람으로서, 내 글이 국경을 넘고 언어의 차이를 뛰어넘어 좀 더 많은 사람들에게 읽히면 좋겠다는 열망은 억누르기 어려웠습니다. 길이 없으면 길을 만들면 되지 않을까 싶었습니다. 그래서 제 한국어 책《원숭이도 이해하는 자본론》을 사비를 들여 전문을 영어로 번역했습니다. 판권을 보유한 한국 출판사 측에도 영어권 출간에 대한 저의 강한 열망을 전하고, 영어권 판권에 대해서는 일임을 받았습니다. 현재 영어권 판권은 저에게 귀속되어 있는 상황입니다. 풍족하지 않은 프리랜서 작가로서 책 한 권을 전부 영어로 번역하는 것은 적지 않은 경제적 부담이었습니다. 하지만 이렇게라도 해야만 영어권 독자들에게 제 글을 보여줄 수 있는 일말의 가능성이 열린다고 판단했기 때문에 과감하게 추진했습니다. 영어권 출판 관계자가 내 글을 읽는 상황만 만들 수 있다면, 나머지는 글이 가진 힘과 생명력이 해결해주지 않을까 하는 조심스런 기대를 품고 있습니다. (중략) 특히, 2018년은 카를 마르크스 탄생 200주년이 되는 해입니다. 누구나 쉽게 읽을 수 있는 《자본론》 해설서 출간이 그 의미를 한층 더할 수 있는 때이기도 합니다. 지리적으로나 문화적으로 다른 환경에서 살고 있더라도 좋은 책을 만들고 싶다는 그 열망만은 동일하다고 믿습니다.

일반적으로 답장이 오는 데만 두세 달 걸린다고 하니, 마음 비우고 다른 일 하면서 기다리는 것 외에는 할 수 있는 일이 없다. 영어권 대리인 홈페이지를 100군데 넘게 드나들면서 영어권 출판시장이 얼마나 상업화되어 있는지 뼈저리게 느꼈다. 상업적인 측면에서 보자면 내 책은 소재도 그렇고 저자도 외국인이라 매력을 느끼기 어려울 것이다. 솔직히 수많은 거절 답장이 올 것에 대한 마음의 준비도 되어 있다. 하지만 책을 좋아하는, 그것도 출판 일을 업으로 삼을 정

어떤 결과가 나오든 후회는
없다. 인생에서 아무것도
시도하지 않는다면, 이런 꿈조차
꿀 수 없기 때문이다.

도로 좋아하는 사람이라면, 언어와 국경의 장벽을 넘어 나와 생각을 공유하고 공감할 수 있는 사람이 한 명쯤은 있지 않을까? 책이 출간되기 위해서는 단 한 건의 계약만이 필요할 뿐이고.

물론 단 한 명도 없을 가능성도 배제할 수 없다. 어쩌면 그쪽 확률이 더 높을지도 모른다. 그때는 개인 원고투고를 받는 비非메이저 출판사를 두드리는 쪽으로 방향을 바꿔야 하겠지. 심지어는 그것마저 성사되지 않아 제3의 방법을 모색하다가 최악의 경우 번역비용만 날리고 끝날지도 모른다. 하지만 어떤 결과가 나오든 후회는 없다. 인생에서 아무것도 시도하지 않는다면, 이런 꿈조차 꿀 수 없기 때문이다. 인생에서 마주하는 선택의 순간에 나는 항상 돈이 아닌 시간을 선택했다. 그것이 정답이기 때문인지, 아니면 그저 운이 좋았을 뿐인지는 모르겠지만, 그 선택은 언제나 나를 실망시키지 않았다. 이번 영어권 번역출간에서 잃을 것이라고는 번역비용 800만원이다. 하지만 얻을 것은, 내 책이 영어권에 출간되어 만들어낼 흥미진진한 미래의 시간이다. 나는 이번에도 시간에 베팅한다.